Schriftenreihe für
Bewegung, Spiel und Sport

Sportspiele

Ballschule
Ein ABC für Spielanfänger

Christian Kröger - Klaus Roth

unter Mitarbeit von Daniel Memmert

Verlag Karl Hofmann

Die Deutsche Bibliothek – CIP-Einheitsaufnahme

Kröger, Christian:
Ballschule : ein ABC für Spielanfänger / Christian Kröger ; Klaus Roth.
Unter Mitarb. von Daniel Memmert. – Schorndorf : Hofmann, 1999
 (Praxisideen ; Bd. 1)
 ISBN 3-7780-0011-X

Bestellnummer 0011

Zeichnungen und Fotos: Von den Verfassern

Erschienen als Band 1
der PRAXISIDEEN – Schriftenreihe für Bewegung, Spiel und Sport.

Grafik, Layout und Satz: IDEE-@L Design

Druck und Verarbeitung in der Hausdruckerei des Verlags
Printed in Germany · ISBN 3-7780-0011-X

Inhalt

Kapitel 1 — Konzept der Ballschule

Einführung — 8

Was ist eine allgemeine Ballschule ? — 10

Spielerisch-situationsorientierte Ballschule — 14

Fähigkeitsorientierte Ballschule — 18

Fertigkeitsorientierte Ballschule — 25

Zusammenfassung — 30

Kapitel 2 — Spielerisch-situationsorientierte Ballschule

Einführung — 32

Zeichenlegende und Darstellungsform — 34

Die Spiele-Sammlung

Ins Ziel treffen — 37

Ball zum Ziel bringen — 45

Vorteil herausspielen — 51

Zusammenspiel — 57

Lücke erkennen — 63

Gegnerbehinderung umgehen 71

Anbieten und Orientieren 77

Kapitel 3   Fähigkeitsorientierte Ballschule

Einführung 84

Zeichenlegende und Darstellungsform 90

Die Übungssammlung

Zeitdruckanforderungen 91

Präzisionsdruckanforderungen 101

Komplexitätsdruckanforderungen 111

Organisationsdruckanforderungen 121

Variabilitätsdruckanforderungen 131

Belastungsdruckanforderungen 141

Kapitel 4   Fertigkeitsorientierte Ballschule

Einführung 148

Zeichenlegende und Darstellungsform 149

Die Übungssammlung

Winkel steuern 150

Krafteinsatz steuern 156

Spielpunkt des Balles bestimmen 162

Laufwege und -tempo zum Ball festlegen 168

Sich verfügbar machen 174

Zuspielrichtung und -weite vorwegnehmen   180

Abwehrposition vorwegnehmen   186

Laufwege beobachten   192

Anhang

Modellprojekt   200

Ballmerkmale   202

Abbildungs-/Tabellenverzeichnis   203

Literaturverzeichnis   204

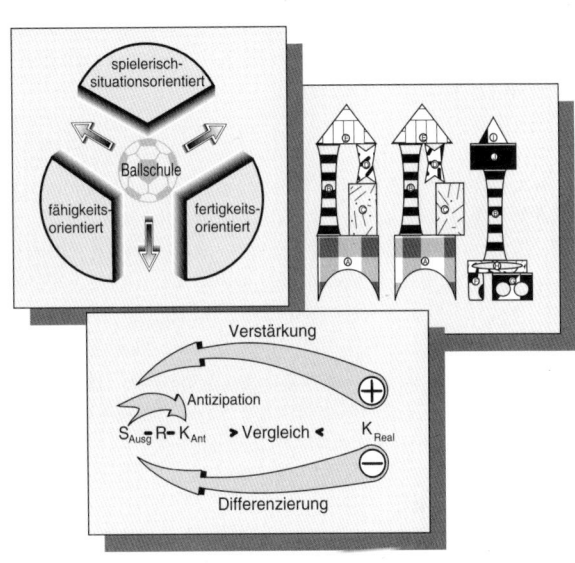

Konzept der Ballschule –

Ziele, Inhalte, Methoden und theoretische Grundlagen

Einführung

Was ist eine allgemeine Ballschule?

Spielerisch-situationsorientierte Ballschule
Fähigkeitsorientierte Ballschule
Fertigkeitsorientierte Ballschule

Zusammenfassung

Kapitel

1

Einführung

Wie sollte die sportliche „Kinderstube" von Ballspielanfängern ausse-
hen? Welcher Einstieg weist den richtigen Weg zum Spielen-Können und
vielleicht auch für eine erfolgreiche Sportspielkarriere?

Noch vor nicht allzu langer Zeit haben sich diese Fragen quasi von selbst
beantwortet. Die spielerischen Kinderstuben waren in der Regel die Straßen, Parks, Schulhöfe und Bolzplätze. Fertigkeiten wie Prellen, Fangen,
Werfen, Stoppen, Passen oder Schießen gehörten zur Alltagsmotorik und
waren auf eine selbstverständliche Weise in unsere Lebenswelt eingebunden (Digel, 1993, S. 18). „Gespielt wurde wirklich jeden Tag" (Daniel Stephan – Handballnationalspieler), „die Mädchen und Jungen sind
mit dem Ball groß geworden, egal mit welchem" (Horst Bredemeier –
Handballtrainer). Die nachfolgenden Zitate verdeutlichen beispielhaft,
daß viele unserer aktuellen Ballkünstler in der Kindheit motivierte Al-
leskönner, d. h. keineswegs frühspezialisierte, überehrgeizige Einbahn-
straßenspieler waren:

Mehmet Scholl (Fußballspieler, eigenes Interview am 2. Februar 1998):
„ ... Ich war immer ein bewegliches Kind, und wenn ein Ball dabei
war, egal was für einer, war ich glücklich. Mittags bin ich aus dem
Haus und abends heim, ob Regen oder Schnee war nebensächlich. Ich
habe einfach gespielt, wie ich Spaß hatte: mal Tischtennis, dann Basketball oder Handball, also alles was mit Bällen zu tun hatte ..."

Die natürliche Ballschule: Vielfalt, Experimentieren, Ausprobieren ...

Olaf Thon (Fußballspieler, eigenes Interview am 27. Januar 1998):
„ ... Auf den Kinderbildern bin ich schon immer mit einem Ball zu
sehen. Ich bin mit dem Ball umgegangen, seit ich laufen konnte. Ich
hatte fortwährend Lust zu spielen, ganz viel Fußball, aber auch andere Spiele haben mich fasziniert ..."

Jackson Richardson (Handballspieler, eigenes Interview am 28. Januar 1997): „ ... Ich habe auf Réunion angefangen. Es ging dabei gar
nicht darum, in einer Sportart unbedingt weiterzukommen oder etwas
dazuzulernen. Ich wollte einfach Spaß haben und alles ausprobieren.
In meinem kleinen Heimatdorf haben wir Kinder uns jeden Tag auf
dem Dorfplatz, am Strand oder sonst irgendwo getroffen und irgend-
etwas gespielt ..."

Magnus Wislander (Handballspieler, eigenes Interview am 20. No-
vember 1996): „ ... Wichtig in meiner Jugendzeit ist gewesen, daß wir

viel Spaß hatten, und es war nicht so wichtig, wie wir trainiert haben. Es war Spaß mit dem Ball. Nach Schulschluß sind wir sofort auf den Sportplatz gegangen, um zu spielen. In meiner Freizeit habe ich nur mit dem Ball gespielt; manchmal Fußball, manchmal Eishockey oder auch Handball ..."

Straßenspiel-kultur = natürliche Ball-schule

Die Straßenspielkultur, die *natürliche Ballschule*, ist heute bedauerlicherweise aus dem Tagesablauf unserer Kinder so gut wie verschwunden. Sie wird vermutlich auch nur bedingt durch die Mode- und Trendvarianten in den großen Sportspielen, wie Streetball, Streetsoccer, Beachhandball oder Beachvolleyball, zu ersetzen sein. Die Mädchen und Jungen treten zwar früher als vor zwanzig Jahren in die Vereine ein, werden dort häufig aber vorrangig sportartspezifisch ausgebildet oder wie Schmidt (1994, S. 3) es ausgedrückt hat: „Sie werden trainiert, bevor sie selbst spielen können". „The kids in America grow up playing in the parks. In Germany – today – they come to the clubs and have practice and stuff like that" (Kevin Pritchard – Basketballspieler).

Gefahren der Frühspeziali-sierung!

Die Nachteile dieser Entwicklung von einem eher freien und vielseitigen zu einem angeleiteten Sportspielzugang sind vielfach beklagt worden. Kinder sind wohl von Natur aus keine Spezialisten, sondern Allrounder. Ihre sogenannte Frühspezialisierung mit einseitigen und aus dem Erwachsenenbereich kopierten Belastungsanforderungen zahlt sich daher in der Regel nicht aus. Im Gegenteil: es können zum einen Entwicklungsdisharmonien und Motivationsverluste auftreten, die nicht selten zum vorzeitigen Ausstieg vor dem Erreichen des Höchstleistungsalters führen (drop-out). Es muß nachdenklich stimmen, daß es in Deutschland mittlerweile mehr 17jährige Jugendliche gibt, die aus Vereinen wieder ausgetreten als dort noch Mitglied sind. Zum anderen produziert die (zu) frühe Ausrichtung auf eine Sportart – auch bei einem nicht unterbrochenen, langfristigen Leistungsaufbau – kein höheres Endniveau. In der Sportspielmethodik gilt, wie in vielen anderen Bereichen, daß erst das allgemeine „ABC" erlernt werden muß, bevor man gewinnbringend versuchen kann, komplexe „Wörter" (spezifische Techniken) und „grammatikalische Einsatzregeln" (spezifische taktische Kompetenzen) herauszubilden.

Die Ballschule als wichtiger Bestand-teil des Unterrichts und Trainings

Was ist in dieser Situation zu tun? Wie kann den weitreichenden Einschränkungen der Straßenspielkultur entgegengewirkt werden? Die Unterrichts- und Trainingsmethodik muß wohl ausdrücklicher als bisher die allgemeine ballsportbezogene Grundausbildung als eine ihrer zentralen Aufgaben begreifen. Die Ballschule findet nicht mehr (hinreichend) in der Freizeit statt und ist deshalb stärker in den Schul- und Vereinssport zu integrieren. Praktiker wie auch Theoretiker haben diese Notwendigkeit noch nicht durchgängig erkannt. Nur wenige arbeiten – wie der FC Bayern München – „längst daran, die Straße wieder zurück in die Trainingsstunden zu bringen" (Uli Hoeneß – Fußballmanager); auch in der fachdidaktischen Literatur finden sich nach wie vor lediglich vereinzelte Veröffentlichungen zum Thema Ballschule oder zu bedeutungsverwandten Begriffen. Der Nachholbedarf ist offensichtlich, wenn man den Stellenwert des allgemeinen Spielenlernens und des mit dem „Ball-umgehen-Lernens" bedenkt. Die Kinderstube prägt und begleitet das gesamte individuelle Ballspielleben. Denn, wie sagt schon ein altes arabisches Sprichwort: „die Zweige geben Kunde von der Wurzel!"

Sportartübergreifende Ballschule

Mit dem vorliegenden Band 1 der Reihe „Praxisideen" wird eine *sportartübergreifende Ballschule* vorgestellt. Es geht um die Vermittlung breiter Spiel- und Bewegungserfahrungen. Diese bilden einerseits den methodischen Vorspann und einen fruchtbaren Nährboden für die Einführung spezifischer Sportspiele, also für die Spiel- und Übungsreihenkonzepte, die Situationsreihen, die Ebenenmodelle oder die wahrnehmungsorientierten, genetischen Lehrwege, die in den Nachfolgebänden des Themenblocks „Sportspiele" präsentiert werden. Andererseits beinhaltet die Ballschule auch sinnvolle (ergänzende) Trainingsmittel und Trainingsformen für fortgeschrittene Leistungs- und Entwicklungsstufen.

Was ist eine allgemeine Ballschule?

Das ABC der Ballschule

Das ABC für Spielanfänger stützt sich auf drei methodische Grundpfeiler: den spielerisch-situationsorientierten (A), den fähigkeitsorientierten (B) und den fertigkeitsorientierten Zugang (C). Diese Bereiche sind nicht alternativ oder gar kontrovers zu diskutieren, sondern bilden einander ergänzende, je für sich wichtige Bestandteile (vgl. Abbildung 1).

A: Das Spielen in der Ballschule

Das situationsorientierte *Spielen* im Rahmen der Ballschule (A) zielt direkt auf eine Reduzierung jener Defizite, die durch den Wegfall der Straßenspielkultur entstanden sind. Wie früher in der Freizeit stehen die Vielfalt, das Experimentieren und das Ausprobieren im Vordergrund. Die Kinder sollen zunächst mehr oder weniger „nur" frei Spielen und lernen, Situationen richtig wahrzunehmen und (vor-)taktisch zu verstehen. Daneben sollen sie ein sportliches Verständnis für den Umgang mit Spielregeln erlangen. Die Art und Qualität ihrer Bewegungsausführungen ist

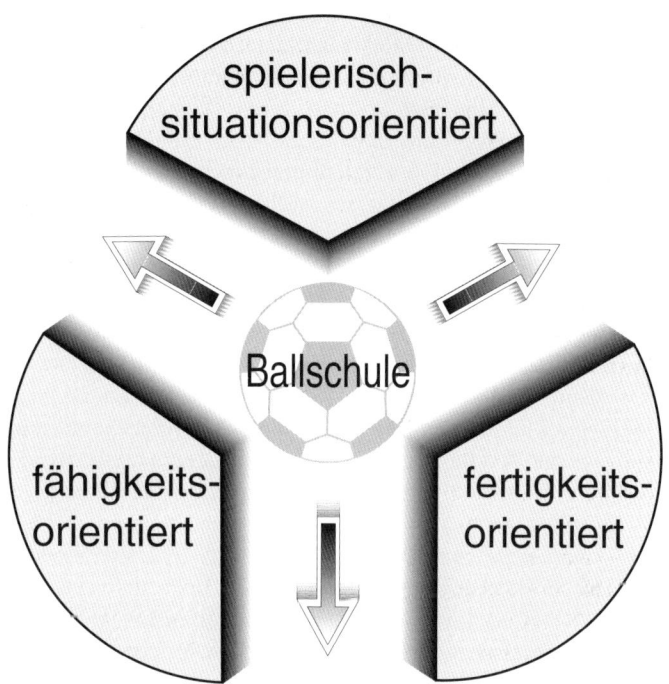

Abb. 1: Spielen und Üben in der Ballschule

dabei von zweitrangigem Interesse. Es gilt: „Spielen macht den Meister!" bzw. „Spielen lernt man nur durch Spielen!".

Wer A sagt, muß trotzdem aber auch B und C sagen. Neben dem Spielen ist das *Üben* ein wichtiges Element der sportartübergreifenden Ballschule. Es richtet sich stärker auf die Seite der Sensomotorik und dient u. a. als Basis für das spätere Training der spezifischen Spielfertigkeiten.

B: Das Üben der koordinativen Ballfähigkeiten

Beim *fähigkeitsorientierten* Ansatz (B) wird davon ausgegangen, daß es allgemeine, technikübergreifende Leistungsfaktoren gibt, die eine wesentliche Voraussetzung dafür bilden, motorische Fertigkeiten

- schnell und gut zu erlernen,
- zielgerichtet und präzise zu kontrollieren sowie
- vielfältig und situationsangemessen zu variieren.

Diese allgemeinen Faktoren bezeichnet man üblicherweise als *koordinative Fähigkeiten*. Nach vorherrschender Auffassung stellen diese die entscheidende Grundlage für die „sensomotorische Intelligenz" dar: Wer ein hohes Koordinationsniveau besitzt, dem fällt bewegungsmäßig alles leicht, so wie im kognitiven Bereich Menschen mit überdurchschnittlichem IQ generell lern- und leistungsfähiger sein sollen. Wesentlich ist in diesem Zusammenhang, daß koordinative Fähigkeiten zwar vermutlich nicht unabhängig von Talent und Erbanlagen sind, aber dennoch in beträchtlichem Maße trainiert werden können. Auch die außergewöhnliche Präzision eines Michael Jordan, das goldene Händchen von Jan-Ove Waldner, die Blitzreaktionen des Wayne Gretzky, das Ballgefühl eines Edson Arantes do Nascimento – genannt Pelé – und die enorme Geschicklichkeit, die Artisten beim Jonglieren mit drei, vier und mehr Bällen zeigen, sind über viele Jahre hinweg konsequent erarbeitet worden. Die Ballschule setzt hier das erste Fundament. Verbessert werden sollen die für die Sportspiele relevanten koordinativen Leistungsvoraussetzungen, kurz: die *Ballkoordination*, die Ballgeschicklichkeit, das Ballgefühl oder die Ballgewandtheit.

Mit dem *fertigkeitsorientierten* Zugang (C) wird eine neue Modellvorstellung aus der Bewegungswissenschaft in die Ballschule einbezogen. Einem möglichen Mißverständnis muß jedoch gleich vorgebeugt werden. Es geht keinesweg primär um das konkrete Erlernen jeweils spezifischer Sportspieltechniken. Der entscheidende Grundgedanke besteht vielmehr darin, daß von einem abgrenzbaren und ableitbaren Pool sensomotorischer „Puzzleteile" ausgegangen wird, aus dem sich viele, vielleicht sogar mehr oder weniger alle Spielfertigkeiten zusammenfügen lassen. Kortmann und Hossner (1995, S. 53) sprechen von so etwas wie einem Fertigkeitsbaukasten, „a box of bricks", der das „Baumaterial" für verschiedene „Bewegungsgebäude" bereitstellt. In der fertigkeitsorientierten Ballschule werden – diesen Überlegungen folgend – *unspezifische Technikbausteine* vermittelt. An die Stelle eines Denkens in fähigkeitsorientierten motorischen „Intelligenzkategorien" tritt ein strukturbezogenes Transferdenken. Das, was über unterschiedliche Bewegungsformen hinweg identisch ist, müßte eigentlich zu positiven Übertragungseffekten führen und es dürfte letztlich egal sein, im Rahmen welcher Technikgebäude und situativer Kontexte die ausgewählten und anvisierten Fertigkeitsbausteine geübt werden.

C: Das Üben der Ballfertigkeiten

Unspezifische Technikbausteine

Das nachstehende Schema gibt einen zusammenfassenden Überblick über die drei Säulen der allgemeinen Ballschule. Die Philosophie ist klar erkennbar:

!!!

Die Kinder sollen (wieder) Spielen lernen sowie übergreifende Ball-fähigkeiten (abilities) und Ballfertigkeiten (skills) entwickeln, bevor sie beginnen, sich zu spezialisieren.

Tab. 1: Zugang, Ziele, Inhalte und Methoden der allgemeinen Ballschule

Die Säulen der allgemeinen Ballschule

Zugang	Ziele	Inhalte und Methoden
A: situationsorientiert	Spielen lernen	„Reines" Spielen in sportspielübergreifenden Taktikbausteinen
B: fähigkeitsorientiert	Verbesserung der Ballkoordination	Üben von sportspielüber-greifenden, informationell-motorischen Anforderungs-bausteinen
C: fertigkeitsorientiert	Verbesserung grundle-gender Ballfertigkeiten	Üben von sportspielüber-greifenden Technikbau-steinen

Die folgenden Abschnitte des ersten Kapitels bereiten die Praxisteile des Buches vor (Kapitel 2 bis 4). Für die Bereiche A, B und C wird genauer auf die Ziele, Inhalte und Methoden eingegangen (A1, B1, C1). Darüber hinaus wird auch eine theoretische Grundlegung des Ballspiel-ABCs versucht (A2, B2, C2). Dabei werden bewußt unterschiedliche Darstellungsgewichtungen gewählt. Manches ist eben schneller beschrie-ben und einfacher zu begründen oder schon altbewährt und -bekannt. Recht neu dürften für die meisten Leser dagegen die theoretischen Über-legungen in A2 sowie die inhaltlichen und methodischen Diskussionen in B1 und C1 sein. Diese Abschnitte werden daher etwas ausführlicher gestaltet.

Spielerisch-situationsorientierte Ballschule

A1: *Ziele, Inhalte, Methoden*
Die spielerische Ballschule darf nicht mit den in der Literatur weit ver- ***Nicht Spielreihen***
breiteten Spielreihenkonzepten verwechselt werden. Spielreihen sind in ***sondern eigen-***
der Regel auf die Einführung eines bestimmten Zielspiels oder einer ***ständige Spiel-***
Gruppe verwandter Sportspieldisziplinen (z. B. Rückschlagspiele oder ***formen***
Wurfspiele) gerichtet. Für sie wird im allgemeinen gefordert, daß sie –
ähnlich wie methodische Übungsreihen – die Lernanfänger an Lösun-
gen für komplexere Aufgabenstellungen heranführen und daß die Spielidee im Kern unverändert bleibt (vgl. Kuhlmann, 1998, S. 117).

Bei der Ballschule ist das anders. Sie besteht aus *eigenständigen* Spielformen. Auch innerhalb einer Unterrichts- und Trainingseinheit müssen
diese nicht notwendigerweise methodisch aufeinander aufbauen. Dennoch können die Spiele natürlich nicht nach dem Prinzip „anything goes!"
wahllos zusammengestellt und aneinandergereiht werden. Die Kinder
sollen ja verallgemeinerbare *Spielfähigkeiten* und taktische Kompeten- ***Spielfähigkeiten***
zen erwerben. Die Spiele sind demnach so zu konstruieren, daß sie sport-
spieltypische Grundkonstellationen bzw. übergreifende *Taktikbausteine*
enthalten. Ein solches Vorgehen setzt voraus, daß man derartige Bausteine systematisch ermittelt und benennt. Das ist sicher nicht einfach
und problemlos umzusetzen. Es gibt kaum eine Möglichkeit, die cha-
rakteristischen basistaktischen Anforderungen der Sportspiele streng
theoriegeleitet oder mit Hilfe irgendwie gestalteter empirischer Studien
objektiv und allgemein verbindlich herauszufiltern. Hier liegt so gut wie
nichts vor. Statt dessen wird im Rahmen der Ballschule – ohne daß dies
weniger wertvoll wäre – auf praktische Erfahrungen und das reiche
Alltagswissen von Experten gesetzt. Die Suche stützt sich im Kern auf
die vorhandene fachdidaktische Literatur und eine eigens durchgeführ-
te Befragung von erfolgreichen Trainern sowie Sportspielforschern.
Mehrfach „gemittelt" – und mit losem begrifflichen Bezug zu den Auf-
gabenanalysen von Göhner (1992) – lassen sich aus den zusammenge-
tragenen Praxisaussagen insgesamt sieben generelle Taktikbausteine
abstrahieren. Es sind dies:

Sieben „offensive"
Taktikbausteine

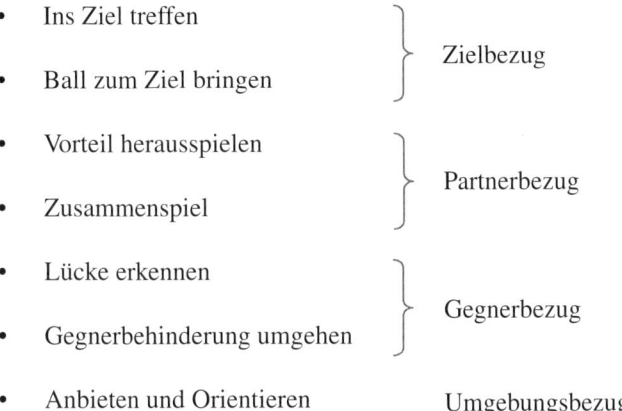

- Ins Ziel treffen
- Ball zum Ziel bringen } Zielbezug
- Vorteil herausspielen
- Zusammenspiel } Partnerbezug
- Lücke erkennen
- Gegnerbehinderung umgehen } Gegnerbezug
- Anbieten und Orientieren Umgebungsbezug

Defensivbausteine Die Bausteine sind durchgängig aus „offensiver Sicht" formuliert. Spiele, in denen sie vorkommen, enthalten zumeist – wenn auch nicht zwangsläufig – im Umkehrschluß die jeweils zugehörigen *Defensivbausteine*. In diesem Sinne werden taktische Anforderungen wie „Ins Ziel treffen verhindern", „Zusammenspiel stören" oder „Lücke schließen" mitgeschult. Selbstverständlich erhebt die Liste keinen Anspruch auf Vollständigkeit. Sie kann jederzeit verändert, ergänzt oder verkürzt werden. Letztlich dürfte der Vollständigkeitsanspruch ohnehin keine besondere Relevanz besitzen. Eine allgemeine Ballschule erfordert zwar vielseitige, jedoch keineswegs allumfassende spielerische Erfahrungssammlungen. Der weitere methodische Weg ist schließlich mit einem einzigen Wort zu Ende erzählt: *Spielenlassen.*

Ziele, Inhalte,
Methoden

In der spielerischen Ballschule geht es um die Vermittlung einer nichtspezifischen Spielfähigkeit und von taktischen Grundkompetenzen (Ziele). Es werden Spielformen angeboten, die aus allgemeinen Taktikbausteinen konstruiert werden (Inhalte). Diese Spiele läßt man die Kinder einfach Spielen (Methode).

Allgemeine
Psychologie

A2: *Theoretische Grundlagen*
Daß ein bloßes Spielenlassen überhaupt Effekte erbringt, wird nicht jedem unmittelbar einsichtig sein. Dies ist zu begründen. Spielenlassen in ausgewählten Situationsbausteinen ist mehr als ein unmethodisches und unvorbereitetes „Ball in die Mitte werfen" durch den Sportlehrer oder Trainer. Es ist sogar viel mehr und alles andere als vergeudete Zeit. Um das theoretisch untermauern zu können, muß man etwas weiter ausho-

len. Das Spielen bewirkt – so wird im folgenden behauptet werden – den Aufbau einer effektiven antizipativen Verhaltenssteuerung (vgl. zusammenfassend Hoffmann, 1993).

Was bedeutet das? Wie ist die Wirksamkeit der spielerischen Erfahrungssammlungen genau zu erklären? Ausgangspunkt der Überlegungen ist die generelle Annahme, daß wir Menschen nach einer sicheren Vorhersagbarkeit unserer Verhaltenseffekte streben. Wenn wir für bestimmte Ausgangssituationen wissen, welche Verhaltensweisen zu welchen Konsequenzen führen, dann erzeugt das Selbstsicherheit und das Gefühl, die Situation zu beherrschen und ihr nicht ausgeliefert zu sein. Umgekehrt verunsichern uns Bedingungen, in denen wir die Resultate unseres Handelns nicht oder nur schwer abschätzen können.

Hoffmann (1993, S. 41-42): „Es läßt sich wenigstens für den Menschen feststellen, daß ihn Situationen, in denen die Konsequenzen seines Verhaltens unklar sind, gewöhnlich zögerlich machen oder ihn manchmal sogar ängstigen: Wenn wir das erste Mal ein neues Auto chauffieren, prüfen wir zunächst vorsichtig, wie es auf unsere Handlungen reagiert. Wenn die Bahn neue Fahrkartenautomaten aufstellt, dann bedienen wir die Tasten mit Bedacht und beachten jeden Effekt; und in einem fremden Land mit ungewohnten Bräuchen achten wir besonders aufmerksam auf die Reaktionen, die unser soziales Verhalten hervorruft. Erst nach einiger Zeit stellt sich Vertrautheit mit den jeweils neuen Bedingungen ein und wir handeln wieder zügig und selbstbewußt. Wir haben dann gelernt, daß die Bewohner des fremden Landes unsere ausgestreckte Hand als aggressiven Akt mißverstehen; wir wissen, wie eine Servolenkung funktioniert und Fahrkarten lösen wir fast ohne hinzusehen und belächeln mitleidig die Fremden, die versuchen, den wirren Bedienungsinstruktionen zu folgen. Kurzum, wir wissen wieder präzise, was unser Handeln bei welchen Voraussetzungen bewirkt und wir setzen es dementsprechend so ein, daß es die von uns gewünschte Wirkung auch erzielt."

Die Konsequenzen des eigenen Handelns vorhersehen lernen!

Die erste der beiden Fragen (Was ist mit dem Aufbau einer effektiven antizipativen Verhaltenssteuerung gemeint?) ist damit weitestgehend beantwortet. Das Spielen und die Erfahrungssammlungen in taktischen Grundsituationen sollen zur Folge haben, daß die Kinder Sicherheit gewinnen und lernen, die Konsequenzen ihrer eigenen Handlungen vorherzusehen.

Ein Modell für den Lernprozeß

Was aber ist mit der zweiten Frage? Warum führt unangeleitetes Spielen zu einer Verbesserung der antizipativen Verhaltenskontrolle? Hier hilft ein Blick auf den angenommenen Lernmechanismus (vgl. Abbildung 2). Stellen wir uns vor, ein Kind handelt in einem Taktikbaustein wie „Lücke erkennen". Das Modell besagt, daß diese Handlung (R) stets von Antizipationen (K_{Ant}) begleitet wird. Sie beinhalten die Erwartungen des Kindes über das vermutliche Ergebnis seines Verhaltens. Es wird weiter davon ausgegangen, daß die Antizipationen mit den tatsächlich eintretenden Konsequenzen (K_{Real}) verglichen werden. Vereinfacht ausgedrückt, lernt das Kind bei erfolgreichen Handlungen ($K_{Real} = K_{Ant}$), daß die konkret vorliegende Spielsituation (S_{Ausg}) durch R gelöst werden kann (Verstärkung). Bei Mißerfolg ($K_{Real} \neq K_{Ant}$) erfährt es dagegen, daß S_{Ausg} nicht zu der Klasse von Spielsituationen gehört, die mit der gewählten Handlung zu bewältigen ist und daher anders bewertet werden muß (Differenzierung). Das Kind erwirbt allmählich ein immer vollständigeres Wissen darüber, welche Situationen innerhalb eines Taktikbausteines wie zu lösen sind. Um es anders zu sagen: „Die Antizipationen werden durch die herrschenden Verhältnisse korrigiert. Sie folgen kontinuierlich den tatsächlichen Konsequenzen des Verhaltens und spiegeln diese ... zunehmend vollkommener wider" (Hoffmann, 1993, S. 48).

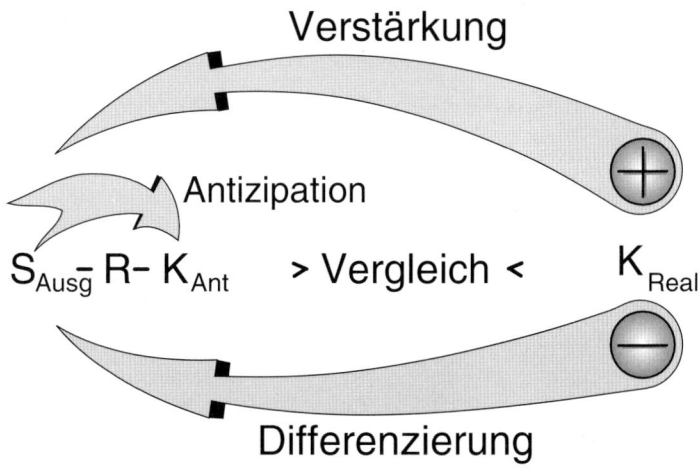

Abb. 2: Aufbau verhaltenssteuernder Antizipationen (Hoffmann, 1993, S. 44)

Mit der Annahme eines solchen Lernmechanismus sind wir der Beantwortung der zweiten Frage bereits sehr nahe. Der in Abbildung 2 dargestellte Vorgang bedarf nämlich keiner expliziten Belehrung. Er verläuft auch *selbstbelehrend*. Da die Verhaltenseffekte (K_{Real}) immer und zwangsläufig auftreten, bedingt alleine ein spielerisches Agieren in den Grundsituationen eine sich ständig effektivierende antizipative Verhaltenskontrolle.

Spielerisches (beiläufiges, inzidentelles) Lernen

Getrieben wird die spielerisch-beiläufige Art der Erfahrungsbildung – so vermutet man – von einem elementaren *Bedürfnis nach Vorhersagbarkeit*. Im Gegensatz zu anderen Bedürfnissen ist es nicht inhaltsbezogen, es wird vielmehr durch das Auftreten beliebiger Ereignisse befriedigt, wenn sie nur antizipiert wurden. Dieser Gedanke steht in enger Beziehung zu den z.T. schon älteren Konzepten der „Funktionslust", dem „instinct to master" oder der „motivation of effectance".

Antizipationsbedürfnis

Das Modell der antizipativen Verhaltenssteuerung läßt sich also insgesamt als Erklärungsbasis für die Wirksamkeit einer allgemeinen spielerisch-situationsorientierten Ballschule heranziehen. Es kann hier nur angemerkt werden, daß es mittlerweile auch erste empirische Belege zur Effizienz des „reinen" Spielenlassens und des beiläufigen Erfahrungssammelns gibt. Roth und Raab (1998) konnten in einer Serie von Untersuchungen nachweisen, daß diese Form des – wie sie es nennen – inzidentellen Lernens nicht nur in der sportlichen Kinderstube, sondern auch im Taktiktraining spezifischer Sportarten (Basketball, Handball, Volleyball) zu deutlichen Leistungsverbesserungen führt.

Antizipative Verhaltenssteuerung

Fähigkeitsorientierte Ballschule

B1: *Ziele, Inhalte, Methoden*
Der Akzent der fähigkeitsorientierten Ballschule ist auf den koordinativen Bereich zu legen. Für die klare Schwerpunktsetzung – gegenüber einer Schulung der konditionell-energetischen Leistungsfaktoren – sprechen vor allem entwicklungspsychologische Gründe. Es gilt heute als unstrittig, daß gerade die koordinativen Leistungsvoraussetzungen „von klein auf" lohnend trainierbar sind. Biologisch „erscheint der Boden eindeutig früher bereitet als für die Vervollkommnung der Kraft- und Ausdauerfähigkeiten" (Weineck, 1994, S. 554). Erklärt wird das primär mit der schnellen Entwicklung des zentralen Nervensystems, die den anderen Wachstums- und Reifungsprozessen weit vorausläuft. In der Folge ergeben sich – wie die Abbildung 3 veranschaulicht – hohe

Was Hänschen nicht lernt, lernt Hans ...

durchschnittliche Zuwächse in der Gesamtkörperkoordination vom frühen Schulkindalter bis zur Adoleszenz.

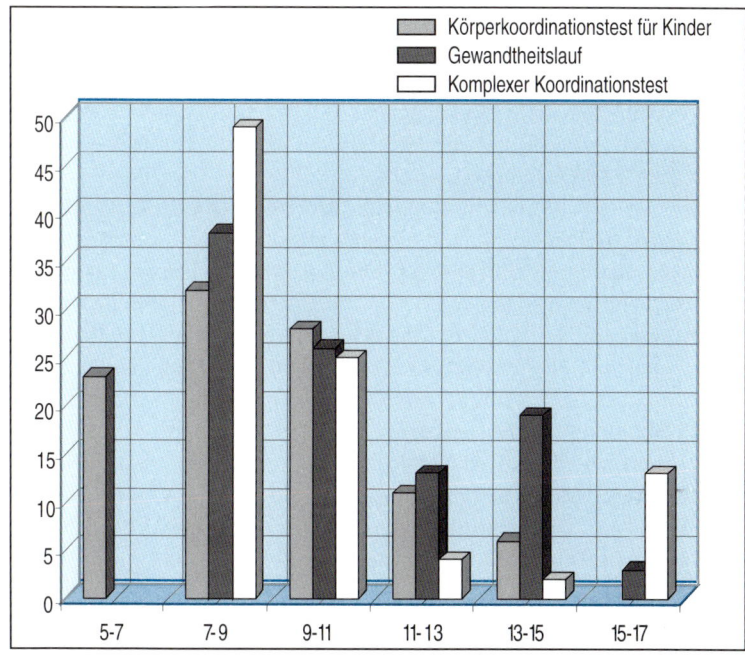

Abb. 3: Der prozentuale Zuwachs der koordinativen Leistungsfähigkeit im Alter von 5 bis 17 Jahren (nach Roth, 1998, S. 85)

Fähigkeiten der Ballkoordination ???

Mit der alleinigen Zielvorgabe „*Verbesserung der Ballkoordination*" ist allerdings noch nicht sehr viel gewonnen. Bei der konkreten Bestimmung der Unterrichts- und Trainingsinhalte stößt man auf ein ähnliches Problem wie bei der Festlegung der Taktikbausteine. Es ist ja die nicht ganz einfache Frage zu beantworten, welche allgemeinen Fähigkeiten zur Ballkoordination gehören und wie sie zu definieren sind.

Dennoch ist die wissenschaftliche Ausgangssituation ein wenig anders als im Bereich der spielerischen Ballschule. Es liegen nämlich durchaus theoretische Überlegungen und auch empirische Untersuchungen vor. Das vorrangige Problem ist hier, daß die Ergebnisse der bewegungs-/trainingswissenschaftlichen Forschung alles andere als einheitlich sind. Fast jeder Autor kommt zu seinem eigenen System koordinativer Fähigkeiten und es ist nicht verwunderlich, daß sich diese Unsicherheiten und Meinungsdivergenzen zwangsläufig auf das Teilgebiet der Ballkoordination übertragen.

Die unterschiedliche wissenschaftliche Ausgangslage führt – im Vergleich mit A1 – auch zu einem etwas anderen Lösungsvorschlag. Die Empfehlung fällt nicht einmal kompliziert aus und lautet, daß man das Ärgernis der vorhandenen theoretischen Auffassungsunterschiede positiv wendet und als Chance zur Vielfalt begreift. Die zahlreichen Auflistungen der koordinativen Fähigkeiten werden nicht gegeneinander diskutiert, vielmehr nebeneinander gestellt und gemeinsam in die Ballschule eingebunden. Das Motto heißt eben: „Viele Wege führen nach Rom!"

Den theoretischen Nachteil zum praktischen Vorteil wenden!

Der Vorschlag hat allerdings einen kleinen Nachteil. Verschiedene Fähigkeitssystematiken dürfen nämlich eigentlich nicht ohne weiteres vermischt oder aufaddiert werden. Die Zusammenfassung ist nur dann erlaubt, wenn man nicht mehr von Fähigkeiten der Ballkoordination spricht, sondern bescheidener von allgemeinen koordinativen bzw. *motorisch-informationellen Anforderungsklassen*. Das ist ein „kleiner aber feiner" Unterschied. Mit anderen Worten: Wenn man der Empfehlung einer Vereinigung der Systematiken folgt, dann muß man – korrekterweise – deutlich hinzufügen, daß in der fähigkeitsorientierten Ballschule generelle koordinative Anforderungen geübt werden, aber keine theoretisch oder empirisch abgesicherten Fähigkeiten im klassischen Sinne. Warum das so ist, wird in B2 kurz aufgegriffen.

Wie ist dieser Nachteil zu bewerten? Aus praktischer Sicht ist er sicher nicht ganz so bedeutend. Die Schulung von koordinativen Anforderungsbausteinen und des allgemeinen Umgehens mit dem Ball dürfte – mit hoher Wahrscheinlichkeit – zu den gewünschten übergreifenden Effekten führen. Die Kinder üben ballbezogen z. B. das Bewältigen von Zeitdruckbedingungen oder von Präzisionsaufgaben. Es ist dann eher von theoretischem Interesse, ob dahinter so etwas wie genau abgrenzbare Fähigkeiten zur Koordination unter Zeitdruck oder zur Koordination unter Präzisionsdruck stehen und wie weit – im Detail betrachtet – die Übertragbarkeit bzw. der Transfer der Trainingswirkungen reicht.

Statt Fähigkeiten werden allgemeine koordinative Anforderungen geübt!

Vor dem Hintergrund dieser Vorbemerkungen ist die Abbildung 4 zu verstehen. Sie zeigt den Versuch einer umfassenden Darstellung der allgemeinen koordinativen Aufgaben- bzw. Anforderungsklassen. Mit dem Schema wird – aus dem Blickwinkel der Ballschule – die Mehrzahl der Literaturaussagen zusammengefaßt. Auf Einzelheiten seiner Konstruktion und Entstehungsgeschichte kann an dieser Stelle nicht eingegangen werden. Ausführliche Begründungen finden sich bei Neumaier und Mechling (1995) sowie bei Roth (1998).

Efferente und afferente Informationsverarbeitung

Im oberen Teil der Abbildung 4 werden die typischen *Informationsverarbeitungsanforderungen* der Sportspiele beschrieben. Auf der efferenten Seite ist zwischen kleinmotorischen und großmotorischen Aufgabenstellungen zu unterscheiden. Hinsichtlich der Afferenzen geht es um den Einsatz der für die motorische Kontrolle führenden Sinnesorgane (optisch, akustisch, taktil, kinästhetisch, vestibulär). Es resultieren hieraus zahlreiche koordinative Aufgabenstellungen, z. B. feinmotorisch-visuell akzentuierte (Zielwürfe, Jonglieren usw.) oder großmotorisch-vestibulär akzentuierte Anforderungen (Finten, Drehbewegungen usw.). Der untere Teil verdeutlicht die typischen *Druckbedingungen*, unter denen Koordinationsleistungen im Sportspiel zu erbringen sind: Zeitdruck, Präzisionsdruck, Komplexitätsdruck, Organisationsdruck, Variabilitätsdruck und Belastungsdruck.

Sechs Druckbedingungen

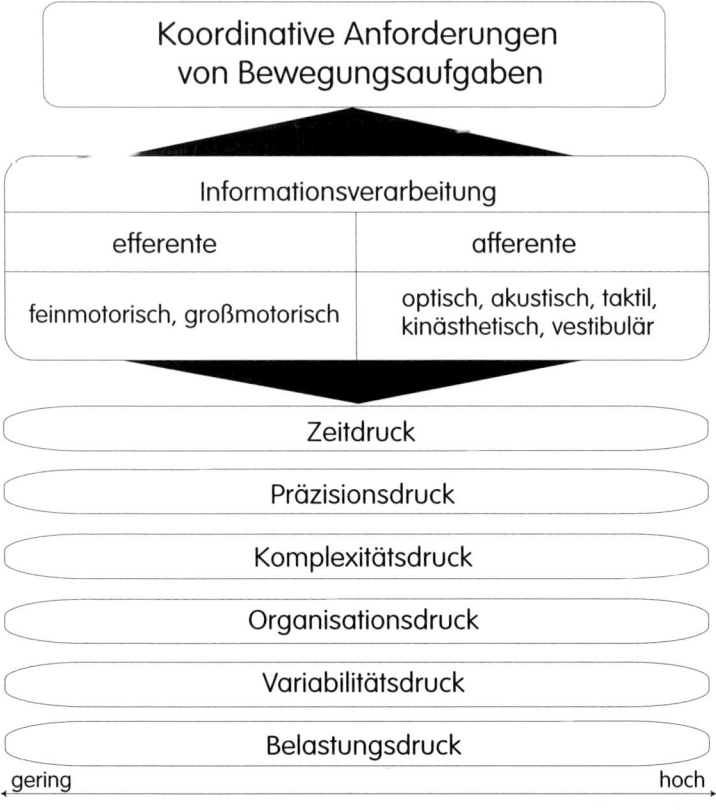

Abb. 4: Anforderungsbausteine der Ballkoordination (modifiziert nach Neumaier & Mechling, 1995)

Der Facettenreichtum der sich insgesamt ergebenden Inhalte für die *Chance zur Vielfalt* Schulung der Ballkoordination ist augenfällig. Greift man jeweils nur *eine* der efferenten und *eine* der afferenten Anforderungen sowie *eine* der sechs Druckbedingungen heraus, dann lassen sich bereits 60 Dreierkombinationen bilden. Hinzu kommen unzählige weitere Möglichkeiten, Unterrichts- und Trainingsinhalte mit mehrdimensionalen Informations- und Druckanforderungen zu entwickeln.

Im Kapitel 3 werden Übungsbeispiele zum Anforderungsraster in der Abbildung 4 vorgestellt. Die Übungen folgen der allseits bekannten Logik des Trainings allgemeiner Leistungsfaktoren: Wenn man generelle, bewegungsungebundene Kompetenzen gezielt verbessern will, dann müssen die spezifischen Fertigkeitsanforderungen in den Hintergrund gerückt, d. h. gering gehalten werden. Die entscheidenden „Zutaten" des Ballkoordinationstrainings sind also – von den Kindern jeweils stabil beherrschte Ballfertigkeiten – die informationell-variabel mit den in Abbildung 4 aufgeführten Druckbedingungen „gewürzt" werden.

Grundformel

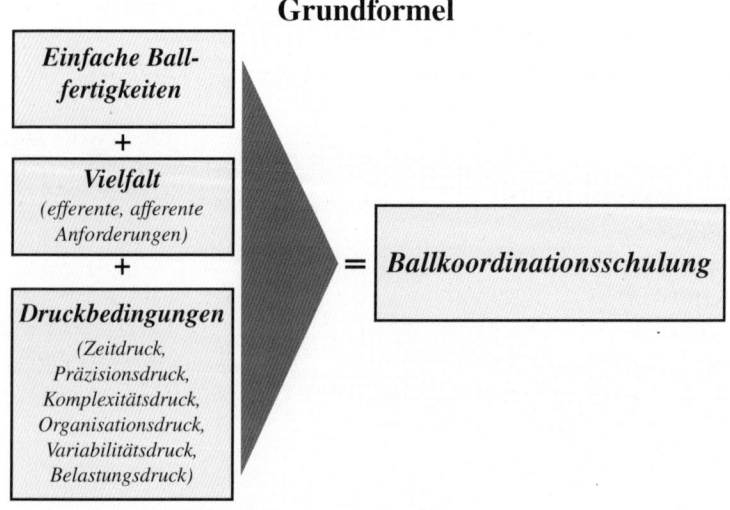

Das Rezept der Ballkoordinationsschulung: „Wenige Zutaten verderben den Brei!"

Abb. 5: Grundformel der Ballkoordinationsschulung

In der fähigkeitsorientierten Ballschule geht es um die Verbesserung *Ziele, Inhalte,* der allgemeinen Ballkoordination (Ziel). Es wird das Bewältigen von *Methoden* informationell-motorischen Anforderungsbausteinen geübt (Inhalte). Das Üben folgt der Grundformel „Einfache Ballfertigkeiten + Vielfalt + Druckbedingungen" (Methode).

Differentielle
Psychologie

B2: *Theoretische Grundlagen*

Die Überzeugung, daß Leistungen in bestimmten Bereichen nicht nur von spezifischen Wissens- und Könnensbeständen beeinflußt werden, sondern auch von allgemeinen Kompetenzen, ist in unserem Denken tief verankert. Wir charakterisieren andere Menschen als intelligent, sprachbegabt, schlagfertig, auffassungsfähig oder kreativ und wollen damit ausdrücken, daß sie diese Eigenschaften oder Fähigkeiten in vielen Feldern nutzen können. Auch aus der Sportpraxis sind uns derartige fähigkeitsgestützte Argumentationen mehr als geläufig. Begriffe wie Geschicklichkeit, Gewandtheit, Reaktionsvermögen, Schnellkraft, Ausdauerfähigkeit und Beweglichkeit gehören mittlerweile ausnahmslos zur Alltagssprache. Ein „motorisch ungeschickter" Sportler z. B. soll sich nicht nur beim Basketballspielen schwertun; er hat in vielen Disziplinen Lernprobleme und wird in keiner Sportart ein allzu hohes Endniveau erreichen.

Die theoretischen Grundlagen des fähigkeitsbezogenen Denkens stammen aus der Differentiellen Psychologie. Dort sind vorrangig allgemeine Intelligenz- und Persönlichkeitsfaktoren untersucht worden. Sie werden in der Wissenschaft als latente Dispositionen, als Traits oder als Konstrukte bezeichnet. Damit wird zum Ausdruck gebracht, daß Eigenschaften und Fähigkeiten nur etwas von uns Erdachtes, Geschaffenes, Konstruiertes darstellen, um beobachtbare Leistungsunterschiede besser beschreiben und erklären zu können. Drei Aspekte sind hervorzuheben. Erstens sollten sich Fähigkeiten als Meßlatten für mehr oder weniger alle Menschen eignen (nomothetischer Ansatz). Zweitens müssen sie querschnittlich konsistent und drittens längsschnittlich stabil sein. Konsistenz meint dabei, daß Leistungen, die auf ein bestimmtes Fähigkeitskonstrukt zurückgeführt werden, zu einem gegebenen Zeitpunkt unter gleichen oder ähnlichen Bedingungen wiederholbar sein müssen. Die Stabilität betrifft die Verallgemeinerbarkeit in der zeitlichen Dimension, also eine gewisse Leistungskonstanz zumindest über mittlere Zeiträume hinweg.

Die Fähigkeiten
sind von uns
„konstruierte
Konstrukte"!

Die Geschichte der Differentiellen Psychologie lehrt uns, daß sich die Suche nach generellen Eigenschaften oder Fähigkeiten in der Regel schwierig gestaltet. Das ist ja schon unter B1 am Beispiel der koordinativen Fähigkeiten deutlich geworden. In vielen Bereichen ist die Zahl der unterschiedlichen Systematiken kaum geringer als die Zahl der Fachveröffentlichungen zum jeweiligen Thema. Um zu verstehen, warum das so ist, bedarf es einer kurzen Erläuterung, wie Wissenschaftler üblicherweise vorgehen, wenn sie sich um eine Ableitung von Fähigkeitskomponenten bemühen. Als Beispiel dient die Ballkoordination. Insgesamt sind drei Schritte von Bedeutung:

1. Der zu analysierende Bereich wird definitorisch eingegrenzt. *Was ist* **Drei Teilschritte**
Ballkoordination? **auf dem Weg zu**
Fähigkeits-
2. Die in diesem Bereich zu bewältigenden Aufgaben oder Anforderun- **systematiken**
gen werden gesammelt. *Welche koordinativen Anforderungen stellen*
die Sportspiele?

3. Es wird überprüft, ob aus den zusammengestellten Anforderungsklassen auf zugrundeliegende Fähigkeiten geschlossen werden kann.
Gibt es für jede Anforderungsklasse genau eine zugehörige koordi-
native Lösungsfähigkeit?

Spätestens im zweiten Schritt kommt die Meinungsvielfalt zum Tragen
(vgl. B1). Fast jeder Theoretiker nimmt seine eigene „Sammlerper-
spektive" ein. Die Folge sind unterschiedliche Auflistungen und Benen-
nungen von sportspielbezogenen koordinativen Aufgaben- bzw. Anforderungsklassen. Diese liefern verschiedene Ausgangsbedingungen für
die empirischen Untersuchungen im dritten Schritt. Hier werden sogenannte dimensionsanalytische Verfahren, zumeist Faktorenanalysen, eingesetzt. Aus ihnen läßt sich mit gewissen Einschränkungen ablesen, wie
viele und welche Lösungsfähigkeiten den angenommenen Anforderungsklassen entsprechen. Das Ergebnis ist jetzt kaum mehr überraschend.
Wenn man von unterschiedlichen koordinativen Aufgabensammlungen
ausgeht, stehen am Ende wahrscheinlich jeweils andere Fähigkeits-
modelle.

Im Rückblick auf B1 wird nun auch klarer, warum es nicht erlaubt ist, je
für sich überprüfte Fähigkeitssystematiken einfach miteinander zu ver-
einigen. Es ist dies zwar – wie in Abbildung 4 gezeigt – problemlos auf
der Ebene der Anforderungsklassen möglich (zweiter Schritt). Man erhält dann aber eine neue „Eingabebasis" für die Dimensionsanalysen.
Das bedeutet, daß das Vereinigungsmodell – falls man von den Anforderungen (dem Beobachtbaren) auf Fähigkeiten (das Latente) schließen **Empirische**
will – ausdrücklich neu empirisch überprüft werden muß (dritter Schritt). **Überprüfung**
Genau eine solche Absicherung ist jedoch für das Schema in Abbildung **erforderlich!**
4 bis heute noch nicht geleistet worden.

Expertiseforschung: Kritik am Fähigkeitsdenken

Neben der Schwierigkeit eindeutiger Fähigkeitsableitungen werden z. T. weitere Probleme der fähigkeitsorientierten Betrachtungsweise diskutiert. Die Einwände kommen vor allem aus der Ecke der Expertiseforschung und betreffen die nomothetische Grundannahme sowie die vermeintliche Überbetonung allgemeiner motorischer Leistungskomponenten. Manche Wissenschaftler raten deshalb zu einem vorsichtigen Überdenken der Theorierichtung. Zur Zeit ist sie allerdings weder aus der Praxis noch aus der Bewegungs- und Trainingswissenschaft wegzudenken. Und damit auch keinesfalls aus dem sportspielübergreifenden ABC der Ballschule.

Fertigkeitsorientierte Ballschule

C1: *Ziele, Inhalte, Methoden*
Das dritte Standbein der ballbezogenen sportlichen „Kinderstube" ergibt sich als praktische Konsequenz aus aktuellen bewegungstheoretischen Überlegungen (Hossner, 1995, 1997; vgl. C2). Sie lassen es angeraten erscheinen, auch einen eher fertigkeitsorientierten Zugang in die Anfängerbildung aufzunehmen. Es geht um eine weitere mögliche, bisher nur ansatzweise erschlossene Quelle für spätere positive Übertragungswirkungen: die Füllung bzw. Ergänzung eines „Kastens" mit fundamentalen *Technikbausteinen*. Die Idee ist, daß das, was sportspiel-

Ein Kasten mit Fertigkeitsbausteinen

übergreifend transferiert oder verallgemeinert wird, zumindest z. T. auch etwas mit Ähnlichkeiten oder Gemeinsamkeiten in den sensomotorischen Fertigkeitsprofilen zu tun hat. In der Abbildung 6 wird der Sachverhalt illustriert. Die hypothetische Sportspielbewegung (a) besteht aus den Bausteinen A bis E, das Technikgebäude (b) setzt sich ebenfalls aus A bis E zusammen, jedoch in leicht veränderter Architektur, und die Fertigkeit (c) konstruiert sich aus B sowie F bis J. Während (a) und (b) im Detail unterschiedliche Ausführungen eines Tennis-Vorhandgrundschlags sein könnten, stellt (c) beispielsweise einen Topspinschlag dar oder das Baggern (Zuspiel) eines angenommenen Volleyball-Aufschlags zu einem Zuspieler am Netz (vgl. Hossner, 1997, S. 31). Alle drei Techniken enthalten – als Baustein B in Abbildung 6 – die Abstimmung einer Schlag- oder Schubbewegung mit der Raum-Zeit-Kurve des jeweils anfliegenden Balles. Solche oder vergleichbare Fertigkeitsbausteine werden in diesem Sinne – wie die koordinativen Anforderungsklassen – quasi zu

Basiskategorien der Sensomotorik

übergreifenden Basiskategorien der Sensomotorik, die wohl allerdings auf deutlich begrenztere Funktionsbereiche zu beziehen sind, als z. B. das in B1 beschriebene Vermögen mit koordinativen Zeitdruckbedingungen umzugehen.

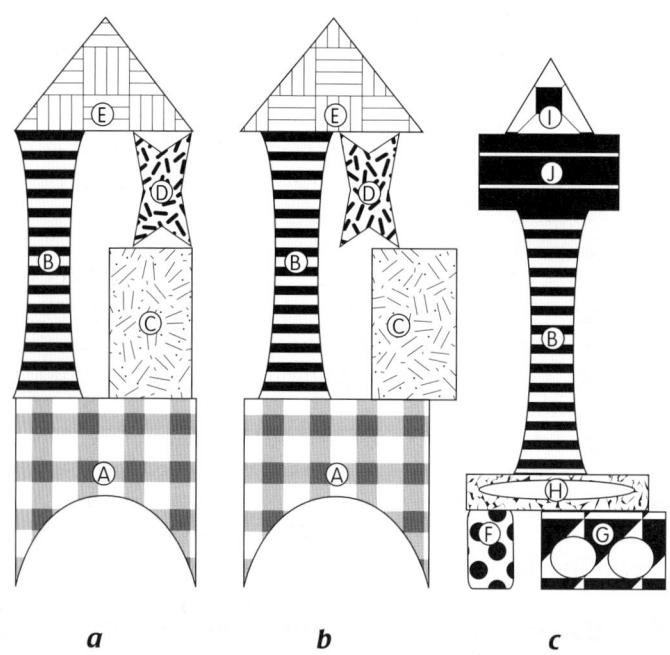

Abb. 6: Sportspielfertigkeiten in modellhafter Darstellung; (a) Bausteine A bis E, (b) Bausteine A bis E in anderer Bauweise, (c) Bausteine B und F bis J (nach Hossner, 1997, S. 31)

Das Vorgehen in der fertigkeitsorientierten Ballschule ist jetzt vorgezeichnet. Das zentrale *Ziel* besteht im Erwerb von vielfältigen, umfassenden „Baumaterialien" für Sportspielbewegungen. Zu suchen und zu schulen sind verallgemeinerbare sensomotorische Teilfertigkeiten. An dieser Stelle sind wir wieder – wie bei der Bestimmung der Taktikbausteine und der koordinativen Aufgabenkategorien – bei der schwierigen Inhaltsfrage angelangt. Und es würde fast schon verwundern, wenn ausgerechnet bei der noch jungen Denkrichtung im Bereich C das Problem der eindeutigen wissenschaftlichen Identifikation bereits gelöst wäre.

Baumaterialien für Sportspielbewegungen

Wie aber kann der Sportspiel-Fertigkeitsbaukasten gefüllt werden? Die Veröffentlichungen von Hossner und Kortmann (1995, 1996) weisen einen ersten gangbaren, pragmatischen Weg. Die Autoren konzentrie-

Erste sportart-
spezifische
Ansätze

ren sich zunächst auf die Sportart Volleyball und vertrauen – ähnlich wie wir in A1 – „massiv" auf das subjektive Erfahrungswissen von langjährigen und erfolgreichen Trainern. Aus einer Zusammenfassung der Expertentheorien entwickeln sie eine Matrix mit 16 volleyballspezifischen Situationsklassengruppen, die durch jeweils spezifische Kombinationen von insgesamt 21 Technikbausteinen zu lösen sind. Eine derartige Matrix kann empirisch geprüft werden. Hossner und Kortmann (1997) haben das getan und es ist ihnen gelungen, Teile ihres Baukastens zu validieren.

Erste sportartüber-
greifende Ansätze

Eine Übertragung des Vorgehens auf den Gesamtbereich der Sportspiele ist nur „im groben" und ganz vorläufig möglich. Nimmt man die in A1 dargestellten, hochabstrakten und sportspielübergreifenden Situationstypen oder Taktikbausteine als Ausgangspunkt, dann wäre es vorstellbar, in einer allgemeinen Ballschule „fürs Erste" die in Tabelle 2 – in imperativer Form – benannten acht Technikbausteine zu berücksichtigen. Das klingt und ist in der Tat noch ausgesprochen vage. Es gilt hier sicher – noch mehr als im spielorientierten und im fähigkeitsgerichteten Teilbereich – der (sport-)wissenschaftliche Allgemeinplatz: „further research is needed".

Zwei Bemerkungen müssen zur Inhaltsauswahl angefügt werden. Erstens orientieren sich die Fertigkeitsbausteine in Tabelle 2 an den Analysen von Hossner und Kortmann. Herausgegriffen und z. T. etwas verändert werden die Bausteine mit dem vermutlich höchsten sportspielbezogenen Generalisierungsgrad. Zweitens ist – wie bereits in A1 und B1 – trotz der fehlenden empirischen Absicherungen tendenzieller Optimismus angezeigt. Die fertigkeitsorientierte Ballschule erscheint praktikabel und gewinnbringend, ihre Inhalte werden natürlich in naher Zukunft zu präzisieren und zu ergänzen sein. Und auch hier zählt das Motto: Wenn die prinzipielle Wegrichtung stimmt, dann muß nicht unbedingt gewartet werden, bis theoretisch und empirisch alles geklärt ist. Im methodischen Vorgehen vermischen sich zwei Analogien zu den Bereichen A und B. Statt Spielenlassen heißt es jetzt vorrangig Übenlassen und die Bausteine sollten konzeptionell unabhängig von spezifischen Technikgebäuden, isoliert oder eingebunden in elementare Fertigkeiten, trainiert werden.

Tab. 2: Technikbausteine und ihr Bezug zu den Taktikbausteinen

Taktikbausteine / Technikbausteine	Ins Ziel treffen	Ball zum Ziel bringen	Vorteil herausspielen	Zusammenspiel	Lücke erkennen	Gegnerbehinderung umgehen	Anbieten und Orientieren
Winkel steuern (Schlag, Schuß, Wurf)	⊗		⊗	⊗			
Krafteinsatz steuern (Schlag, Schuß, Wurf)	⊗		⊗	⊗			
Spielpunkt des Balles bestimmen	⊗		⊗	⊗			
Laufwege und -tempo zum Ball festlegen			⊗	⊗			⊗
Sich verfügbar machen			⊗	⊗	⊗		⊗
Zuspielrichtung und -weite vorwegnehmen			⊗	⊗	⊗		
Abwehrposition vorwegnehmen			⊗	⊗	⊗	⊗	⊗
Laufwege beobachten		⊗	⊗	⊗	⊗	⊗	⊗

Acht allgemeine Fertigkeitsbausteine

In der fertigkeitsorientierten Ballschule geht es um das Herausbilden des übergreifenden „Baumaterials" für Sportspielbewegungen (Ziel). Es werden einzelne Technikbausteine geschult (Inhalte). Diese Bausteine läßt man je für sich oder – in einfacher Form – kombiniert miteinander Üben (Methode).

Ziele, Inhalte, Methoden

Kognitive
Psychologie

C2: *Theoretische Grundlagen*
Die Idee für das fertigkeitsbezogene Baukastenkonzept kommt aus dem Bereich der Kognitionswissenschaften. Dort spielt seit einiger Zeit ein Grundlagenmodell eine markante Rolle, das von dem amerikanischen Philosophen Fodor (1983) formuliert wurde: die *Modularitätshypothese.*

Modularitäts-
hypothese

„Der Kern der Überlegungen Fodors ist darin zu sehen, daß der menschliche kognitive Apparat über aufgabenübergreifende, zentrale Systeme verfügt, denen die Erfüllung der ‚höheren‘ geistigen Funktionen des Schlußfolgerns, des Denkens und der willkürlichen Verhaltensorganisation zufällt. Diesen ‚scharfsinnigen‘ zentralen Systemen sind ‚hohlköpfige‘ Einheiten vor- und nachgeschaltet, die einerseits ein Abbild über die ‚Anordnung der Dinge in der Welt‘ liefern, andererseits vorliegende Handlungsabsichten in motorische Aktionen übersetzen. Auf die – durchaus komplexen – Verarbeitungsprozesse, die den Input- und Output-Systemen zuzuordnen sind, besteht nur ein begrenzter bewußter Zugriff. Sie sollen schnell und automatisch arbeiten und sich auf spezifische Aspekte der Aufgabenstellung beziehen" (Hossner & Kortmann, 1995, S. 43).

Input- und
Output-Module

Die „hohlköpfigen" Einheiten bezeichnet Fodor als Module, und zwar je nach ihrer Funktion als Input- oder Output-Module. Fodor selbst hat sich nahezu ausschließlich mit der Input-Seite befaßt. Die sportwissenschaftlichen Studien von Hossner (1995) beschäftigen sich mit einer Übertragung auf die Output-Seite. Darüber hinaus können durch intensives (Über-)Lernen und Üben offenkundig auch direkte Verbindungen zwischen den Input- und Output-Modulen hergestellt werden (Sensomotorik-Module).

Ein vereinfachtes, ansatzweises Zusammendenken des Modells mit den Vorschlägen der fertigkeitsorientierten Ballschule fällt jetzt nicht mehr allzu schwer. Die Module sind als innere Korrelate der zu erwerbenden Technikbausteine zu interpretieren. Bewegungsgebäude – wie in Abbildung 6 – ergeben sich dann aus einer aktiven Konstruktion, also aus einer situativ-aufgabenbezogenen Kombination solcher Module (A bis E oder B, F bis J). Es kann nur angedeutet werden, daß die Modularitätshypothese mit dieser Annahme der „aktiven Konstruktion" deutlich von den Annahmen der verbreiteten motorischen Programmtheorien abweicht und daß sie anders als die fähigkeitsorientierten Argumentationen ausdrücklich auf biologisch-realistische Strukturen der Bewegungssteuerung abhebt. Näheres läßt sich in ausführlicher Form bei Hossner (1995) nachlesen.

Die fertigkeitsübergreifende, allgemeine Bausteinschulung des Bereichs ***Intra-Modul-*** C wird von Hossner (1995) sowie Hossner und Kortmann (1995, 1996, ***Training*** 1997) mit dem Begriff des Intra-Modul-Trainings belegt und von dem Techniktraining im eigentlichen Sinne abgegrenzt. Dieses betrifft eher das konkrete, spezifische Zusammenspiel verschiedener Module, d. h. ein Inter-Modul-Training, und braucht noch keinen festen Platz im grundlegenden Ballspiel-ABC. Es erhält erst in den nachfolgenden Ausbildungsetappen seine besondere Bedeutung.

Zusammenfassung

- „Wir haben früher nicht nur täglich mit Fußbällen auf der Straße ge- ***Früher und*** kickt, sondern wirklich in allen Varianten gespielt. Die Erfahrungssammlung in einer Vielzahl von Situationen war unsere Basis – das Fundament" (Jörg Daniel – Fußballtrainer).

- Heute erwerben Kinder das ABC des Spielens nur noch selten auf ***... heute*** Straßen, in Parks oder auf Schulhöfen. Die Ballschule will hier Abhilfe schaffen und „ersatzweise" eine solide und facettenreiche Anfängerausbildung gewährleisten.

- Ganz vereinfacht ausgedrückt, lernen Kinder in der Ballschule „Spiele ***Ziele, Inhalte,*** zu lesen" (taktische Grundkompetenzen) und „sensomotorisch zu ***Methoden und*** schreiben" (koordinative Leistungsvoraussetzungen, Technikbausteine). Die theoretischen Grundlagen für die Kennzeichnung der konkreten Ziele, Inhalte und Methoden (A1, B1, C1) wurden dabei aus der Allgemeinen Psychologie (A2), der Differentiellen Psychologie (B2) und der Kognitiven Psychologie (C2) entnommen.

- Die Ballschule wendet sich an alle Spielneulinge und kann mit unter- ***... Zielgruppen*** schiedlichen Zielperspektiven verknüpft werden. Niveaubezogen differenziert und modifiziert reicht ihr Wirkungsfeld – vom Abbau festgestellter Motorikdefizite bis hin zur Grundsteinlegung für spätere Ballkünstler. Auch diese müssen – und zwar noch mehr als alle anderen – zunächst einmal ihr Spiel-ABC umfassend üben. Es gilt schließlich wie überall, daß Kunst von Können kommt und nicht von Wollen (sonst würde es vermutlich „Wunst" heißen!).

Spielerisch-situationsorientierte Ballschule

Einführung

Zeichenlegende und Darstellungsform

Die Spiele-Sammlung

Ins Ziel treffen
Ball zum Ziel bringen
Vorteil herausspielen
Zusammenspiel
Lücke erkennen
Gegnerbehinderung umgehen
Anbieten und Orientieren

Kapitel

2

Einführung

Die Grundzüge der spielerisch-situationsorientierten Ballschule sind im Kapitel 1 aufgezeigt worden. Im folgenden geht es um Anregungen für ihre praktische Umsetzung, oder anders ausgedrückt, um eine „Beispiel-Sammlung". Die dargestellten Spiele beinhalten den Umgang mit den sieben identifizierten *Taktikbausteinen*.

- *Ins Ziel treffen*: Taktische Aufgabenstellungen, bei denen es darauf ankommt, einen Ball in (auf) ein Ziel zu werfen, zu schießen oder zu schlagen

    Definition der Taktikbausteine

- *Ball zum Ziel bringen*: Taktische Aufgabenstellungen, bei denen es darauf ankommt, mit einem Ball einen Zielbereich zu erreichen

- *Vorteil herausspielen*: Taktische Aufgabenstellungen, bei denen es darauf ankommt, über ein Zusammenspiel mit Partnern einen Tor- oder Punktgewinn vorzubereiten

- *Zusammenspiel*: Taktische Aufgabenstellungen, bei denen es darauf ankommt, Bälle von Partnern anzunehmen oder an Partner weiterzuspielen

- *Lücke erkennen*: Taktische Aufgabenstellungen, bei denen es darauf ankommt, in der Auseinandersetzung mit Gegenspielern (individuell) die Chancen für einen Tor- oder Punktgewinn wahrzunehmen

- *Gegnerbehinderung umgehen*: Taktische Aufgabenstellungen, bei denen es darauf ankommt, in der Auseinandersetzung mit Gegenspielern einen Ballbesitz (individuell) zu sichern

- *Anbieten und Orientieren*: Taktische Aufgabenstellungen, bei denen es darauf ankommt, zum richtigen Zeitpunkt eine optimale Position auf dem Spielfeld einzunehmen

Drei Dinge sind dabei selbstverständlich. Erstens ist es die Regel und nicht die Ausnahme, daß in einer Spielform mehrere Taktikbausteine zugleich enthalten sind. Zweitens lassen sich die Profile der einzelnen Spiele natürlich nicht vollständig über diese basistaktischen Komponenten beschreiben. Sie umfassen zumeist noch eigene, spezifische Situationsanforderungen, die sie spannend und interessant machen, die

    Charakteristik der Spiele

aber keine unmittelbar sportspielübergreifende Bedeutung besitzen und daher auch nicht systematisch in der Ballschule vertieft werden müssen. Drittens soll nicht der Eindruck erweckt werden, es handele sich hierbei um eine völlig neue Spiele-Sammlung. Neben neuen, bislang unveröffentlichen werden auch bekannte und bewährte Spiele präsentiert.

Drei Ordnungs-
kriterien für die
Spiele
Die Taktikbaustein-Struktur der Spiele bildet ihr oberstes Ordnungskriterium. Ausschlaggebend sind damit die Anforderungen, die die jeweils „offensiven Rollen" an die Kinder stellen. In der Mehrzahl der Fälle wird dann eine zweite Mannschaft – im Wechsel – mit den entsprechenden Defensivbausteinen konfrontiert. Bei einigen Spielen agieren auch beide Teams gleichzeitig in der Offensive oder sie treten nur indirekt, ohne unmittelbare Gegnerbehinderung, in Konkurrenz. Jeder Vorschlag wird – vereinfacht und pragmatisch – dem Baustein zugeordnet, der für die Spielidee von höchster Priorität erscheint. Es ergeben sich damit sieben Gruppen. Pro Kategorie werden sechs bis acht Spielformen präsentiert. Diese werden zunächst danach gereiht, ob der Ball mit der Hand, dem Fuß oder einem Schläger (Schlaghand) zu spielen ist (zweites Ordnungskriterium) und schließlich nach ihrem Anspruchsniveau bzw. der von uns eingeschätzten Komplexitätsstufe (drittes Ordnungskriterium).

Mindestansprüche
Alle ausgewählten und derart geordneten Spiele genügen darüber hinaus den folgenden Mindestansprüchen:

- Sie tragen eigenständigen Charakter, bereiten also nicht auf ein spezifisches Zielspiel vor (vgl. Kapitel 1)

- Sie lassen sich variabel an unterschiedliche Lernvoraussetzungen und Einsatzfelder anpassen

- Sie verfügen über ein überschaubares Regelwerk

- Sie sind schnell und ohne hohen Geräteaufwand zu organisieren

Einsatzmöglich-
keiten
Die Spiele können sowohl in den Aufwärmteil als auch in den Haupt- oder Endabschnitt einer Unterrichts- bzw. Trainingsstunde eingebaut werden. Fertige „rezeptologische" Stundenbilder werden bewußt nicht geliefert. Ihre Zusammenstellung bleibt Aufgabe der Sportlehrer, Übungsleiter und Trainer, die stets auch die inneren Bedingungen und die äußeren Gegebenheiten der Klassen oder der betreuten Mannschaften mit zu beachten haben.

Zeichenlegende und Darstellungsform

In Abbildung 7 sind die Zeichen erläutert, die bei der Kennzeichnung der Spiele verwendet werden. Daran anschließend wird ihre Präsentationsform anhand eines Beispiels veranschaulicht (vgl. Abbildung 8). Ganz oben befinden sich zwei Kopfzeilen. Die erste – blau unterlegte – zeigt an, welche taktischen Komponenten, neben dem als zentral eingeschätzten Baustein (erstes Ordnungskriterium), mit dem Spiel angesprochen werden. Die Intensitäten der farblichen Unterlegungen sollen dabei illustrieren, wie wichtig die zugeordneten Taktikbausteine sind. Je dunkler der Grundton, desto bedeutsamer ist – aus unserer Sicht – der angeführte Baustein. Die zweite Kopfzeile enthält ein Hand-, Fuß-, Schläger- bzw. Schlaghandsymbol (zweites Ordnungskriterium) sowie eine dreistufige Einschätzung der Komplexitätsstufe des präsentierten Grundspiels (drittes Ordnungskriterium; I = gering, II = mittel, III = hoch). Die Festlegung dieser Komplexitätsstufen gibt zunächst nur eine „abstrakte, relative" Schwierigkeitsrangfolge vor. Wie kompliziert sich das Spiel für eine konkrete Gruppe oder Klasse darstellt, ist selbstverständlich immer auch vom gegebenen Lern- und Entwicklungsstand abhängig.

Unter den Kopfzeilen wird der Spielablauf zunächst graphisch illustriert und dann erklärt. Den Abschluß bilden relevante (organisatorische) Hinweise sowie Beispiele für mögliche Variationen. Bei letzteren werden in Klammern erneut die – u. U. veränderten – Symbole für das zweite und dritte Ordnungskriterium aufgeführt.

Wegweiser für die Spiele-Sammlung

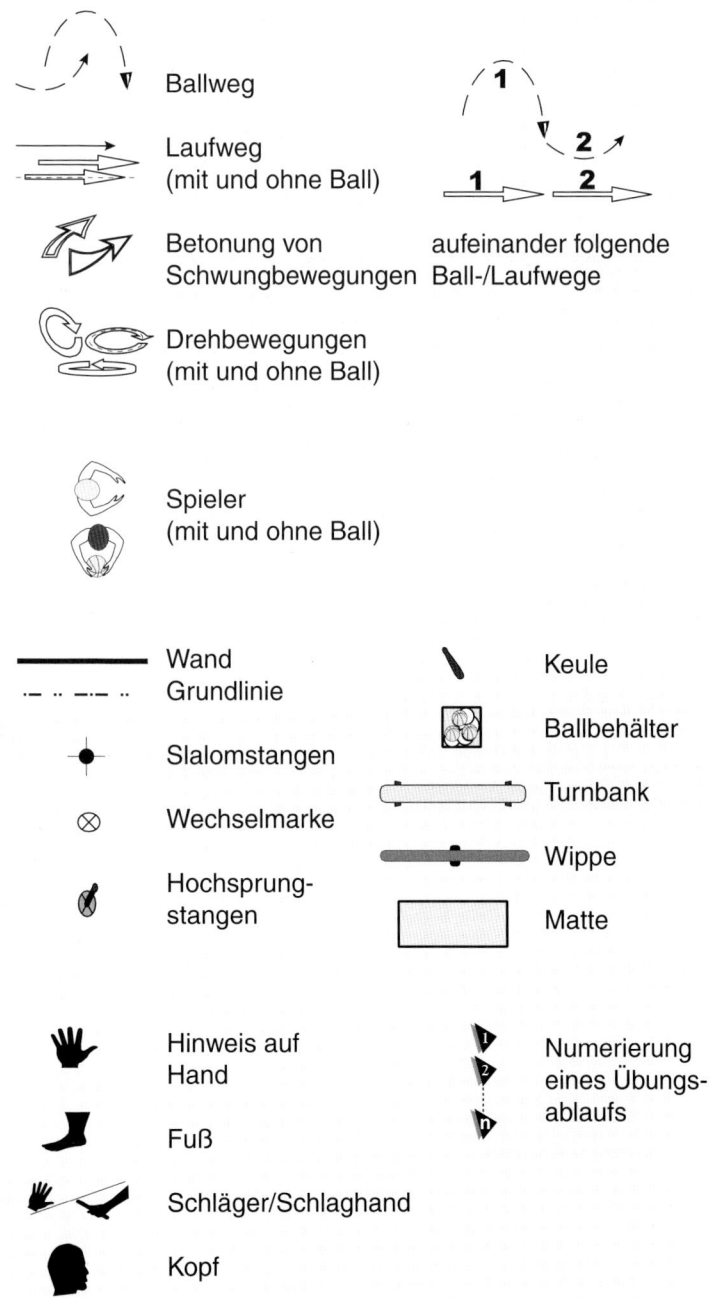

Ballweg

Laufweg
(mit und ohne Ball)

Betonung von   aufeinander folgende
Schwungbewegungen Ball-/Laufwege

Drehbewegungen
(mit und ohne Ball)

Spieler
(mit und ohne Ball)

Wand
Grundlinie

Slalomstangen

Wechselmarke

Hochsprung-
stangen

Keule

Ballbehälter

Turnbank

Wippe

Matte

Hinweis auf
Hand

Fuß

Schläger/Schlaghand

Kopf

Numerierung
eines Übungs-
ablaufs

Abb. 7: Zeichenlegende

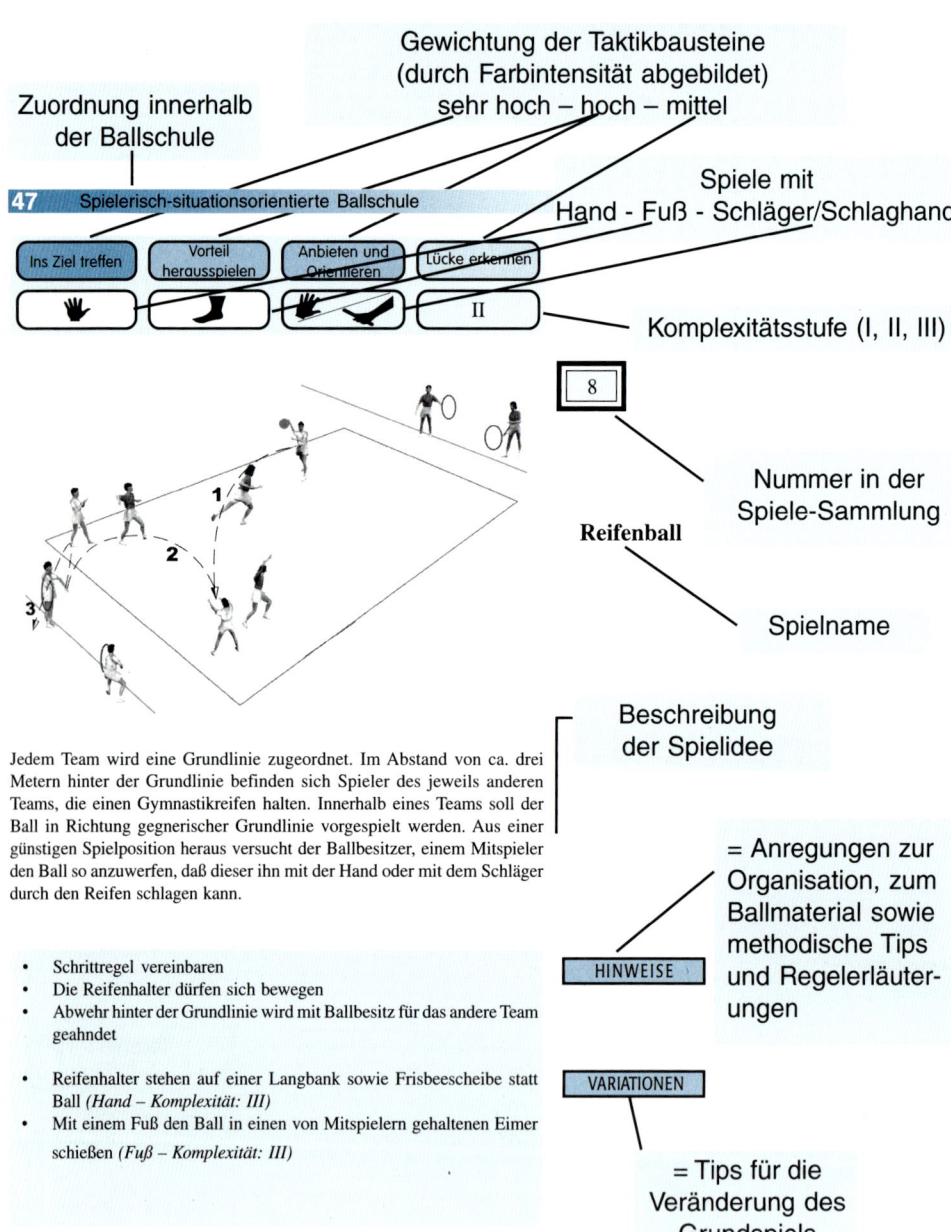

Zuordnung innerhalb
der Ballschule

Gewichtung der Taktikbausteine
(durch Farbintensität abgebildet)
sehr hoch – hoch – mittel

Spiele mit
Hand - Fuß - Schläger/Schlaghand

47 Spielerisch-situationsorientierte Ballschule

| Ins Ziel treffen | Vorteil herausspielen | Anbieten und Orientieren | Lücke erkennen |

II

Komplexitätsstufe (I, II, III)

8

Nummer in der
Spiele-Sammlung

Reifenball

Spielname

Beschreibung
der Spielidee

Jedem Team wird eine Grundlinie zugeordnet. Im Abstand von ca. drei Metern hinter der Grundlinie befinden sich Spieler des jeweils anderen Teams, die einen Gymnastikreifen halten. Innerhalb eines Teams soll der Ball in Richtung gegnerischer Grundlinie vorgespielt werden. Aus einer günstigen Spielposition heraus versucht der Ballbesitzer, einem Mitspieler den Ball so anzuwerfen, daß dieser ihn mit der Hand oder mit dem Schläger durch den Reifen schlagen kann.

- Schrittregel vereinbaren
- Die Reifenhalter dürfen sich bewegen
- Abwehr hinter der Grundlinie wird mit Ballbesitz für das andere Team geahndet

- Reifenhalter stehen auf einer Langbank sowie Frisbeescheibe statt Ball *(Hand – Komplexität: III)*
- Mit einem Fuß den Ball in einen von Mitspielern gehaltenen Eimer schießen *(Fuß – Komplexität: III)*

HINWEISE

= Anregungen zur
Organisation, zum
Ballmaterial sowie
methodische Tips
und Regelerläuter-
ungen

VARIATIONEN

= Tips für die
Veränderung des
Grundspiels

Abb. 8: Darstellung der Einzelspiele

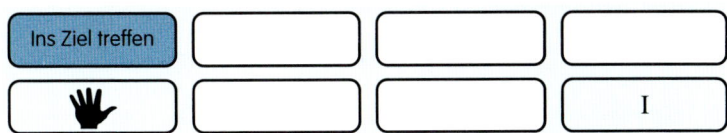

Volltreffer

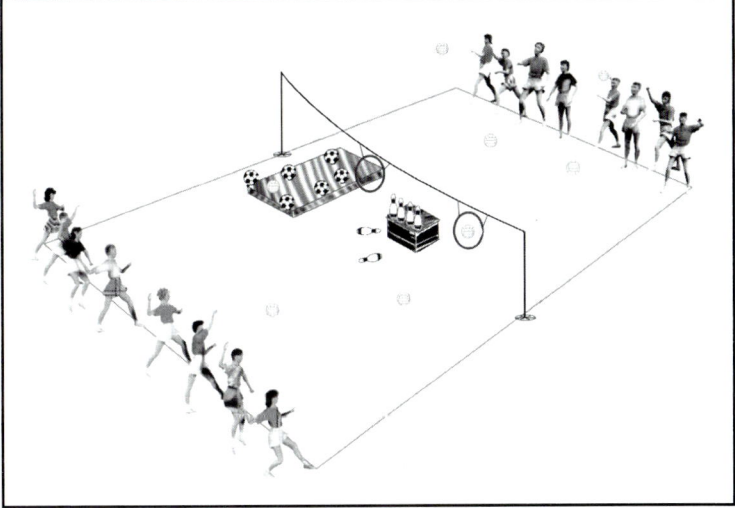

Zwei Teams spielen gegeneinander. Sie erhalten eine „eigene" Spielflä-che, die durch umgekippte Turnbänke, durch eine gespannte Zauber-schnur oder durch eine Hallenlinie markiert wird. Die Aufgabe besteht darin, innerhalb einer bestimmten Zeit möglichst viele vorgegebene Ziele zu treffen. Diese können sehr variabel gestaltet sein.

- Liegende Ziele auf dem Boden (Bälle/Keulen auf Matten usw.)
- Hängende Ziele in der Luft (aufgehängte Gymnastikreifen, durch Bau-bänder/Zauberschnüre gespannte Fenster usw.).

HINWEISE

- Auch zur Pendelstaffel mit ein bis zwei Bällen pro Team wandel-bar
- Unbewegliche Ziele sind besonders für die Einschätzung der Ent-fernungen, der Krafteinsätze und der zu wählenden Wurfarten för-derlich (vgl. Kapitel 4).

VARIATIONEN

- Verschieden große Trefferziele mit unterschiedlichen Spielpunkten verbinden *(Hand – Komplexität: I-III)*
- Wurfvariationen: indirekt, rückwärts usw. *(Hand – Komplexität: II-III)*
- Abwurfposition verändern *(Hand – Komplexität: I-III)*
- Bälle durch aufgestellte Kastenteile schießen oder schlagen *(Fuß, Schläger – Komplexität: II)*

2

Kastenball

Jedes Team erhält ein Tor, welches aus einem Kastendeckel und zwei kleinen, umgekippten Kästen besteht. Die Tore werden im Spielfeld so aufgestellt, daß von allen Seiten auf sie geworfen werden kann. Um jedes Tor wird mit Kreide eine Wurf- bzw. Schußzone eingezeichnet, die kein Spieler betreten darf. Wertungspunkte: Durchspielen des Kastentores = zwei Punkte; Treffen der kleinen Kästen = einen Punkt.

HINWEISE

- Linien für die Wurf- bzw. Schußzone abklären
- Regeln für das Betreten der Zone verabreden
- Zunächst ohne Schrittregeln beginnen
- Mann-Mann-Deckungsverhalten bietet sich an

VARIATIONEN

- Vier Mannschaften spielen gegeneinander. Jedes Team hat ein quergestelltes Kastenteil als Tor *(Hand – Komplexität: I)*
- Mit vielen Kästen und Kastenteilen zwei Torwände errichten; die Ziele gilt es direkt oder indirekt zu treffen *(Hand, Fuß – Komplexität: I)*

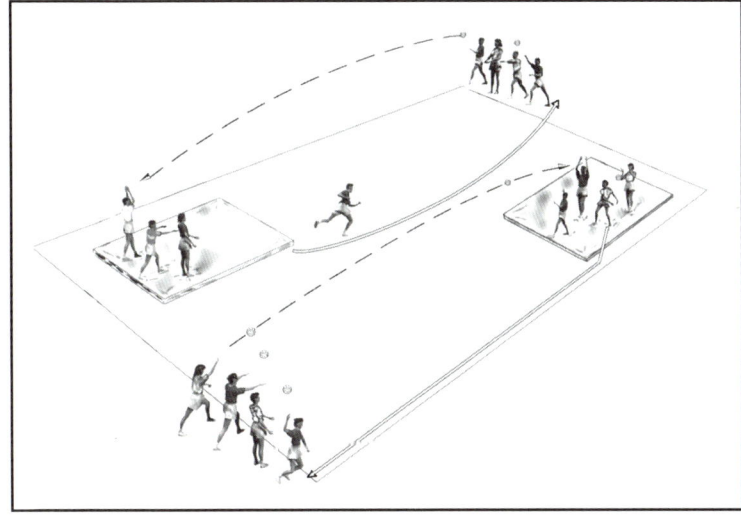

3

Inselspiel

Zwei Teams spielen gegeneinander. Jedes Team teilt sich in gleichviele Werfer und Fänger. Erste Halbzeit: Die Werfer versuchen, die Bälle den Fängern auf der Matte zuzuwerfen. Wenn ein Fänger den Ball erhalten hat, ohne dabei die Matte zu verlassen, wird er auch zum Werfer. Wenn kein Fänger mehr auf der Matte ist, beginnt unmittelbar die zweite Halbzeit: Die Werfer zu Beginn der ersten Halbzeit rennen auf die Matte und sind nun Fänger. Wenn die Fänger jetzt einen Ball fangen, bleiben sie auf der Matte und zählen laut bis zehn Mattentreffer. Dann treffen sich alle auf der Matte.

HINWEISE

- Abstand zwischen Werfer und Fängern an die konditionellen Voraussetzungen (Wurfkraft) anpassen
- Jedes Team bekommt unterschiedliche Bälle (im zweiten Spiel: Tausch)
- Fänger dürfen nicht die Matte verlassen, um die Bälle den Werfern zuzurollen

VARIATIONEN

- Rückwärtswürfe *(Hand – Komplexität: III)*
- Spannstöße *(Fuß – Komplexität: III)*
- Bälle schlagen und stoppen *(Schläger – Komplexität: I)*

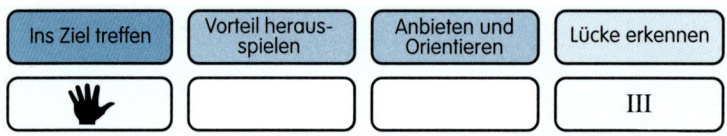

Ins Ziel treffen	Vorteil heraus-spielen	Anbieten und Orientieren	Lücke erkennen
✋			III

4

Rückwärtsball

Jedes Team erhält eine an die Wand gelehnte Weichturnmatte als Trefffläche, die es zu verteidigen gilt. Die Mitspieler eines Teams dürfen sich den Ball nur rückwärts (durch die Beine oder über den Kopf) untereinander zuspielen oder auf die gegnerische Trefffläche werfen. Ballbesitzer dürfen mit dem Ball nicht laufen.

- Jegliche Körperberührung im Rücken des Ballbesitzers unterbinden
- Eine Kontaktverbotszone vor der Weichturnmatte bietet sich an
- Einwurfregel bei Regelverstößen oder gegnerisches Team erhält den Ball
- Hohe Anforderungen an die Wahrnehmung

HINWEISE

- Ein Jokerspieler pro Team, der in allen Richtungen spielen, aber keine Torwürfe machen darf *(Hand – Komplexität: III)*
- Zuspiele in Richtung des eigenen Tores müssen auch rückwärts erfolgen *(Hand – Komplexität: III)*

VARIATIONEN

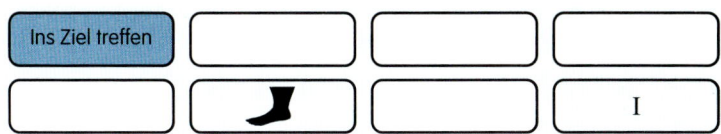

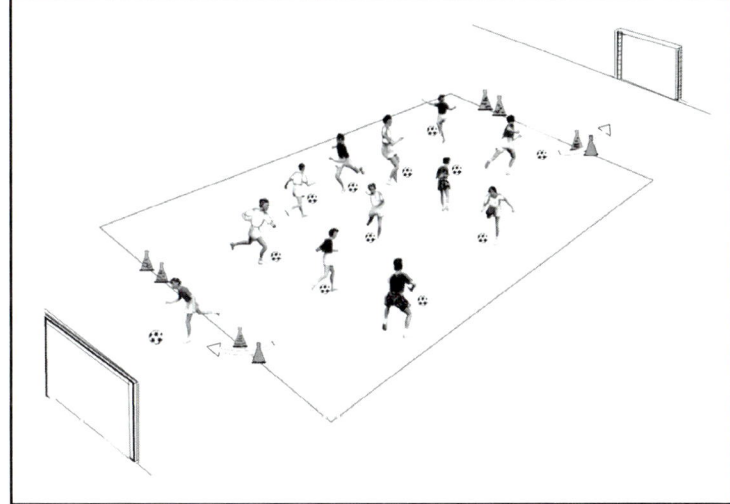

5

Nummernball

In einem Spielfeld dribbeln alle Spieler zweier Teams nach Belieben durcheinander. Beide Teams werden durchnumeriert. Auf Zuruf einer Nummer starten die entsprechenden Spieler aus dem Spielfeld, durchdribbeln ein Pylonentor und schießen auf ein Zieltor. Wer zuerst das Tor getroffen hat, verschafft seinem Team einen Punkt.

HINWEISE

- Die Größe des Dribbelspielfeldes, der Weg zum Pylonentor und die Art des Zieltores (Fußball-, Handball-, Hockeytor, Hochsprungständer usw.) hängen von den Lernvoraussetzungen und den organisatorischen Bedingungen ab

VARIATIONEN

- Die Spieler können sich im Dribbelspielfeld untereinander die Bälle wegschießen *(Fuß – Komplexität: II)*
- Es müssen vor dem Zielschuß beide Pylonentore durchdribbelt werden *(Fuß – Komplexität: I)*
- Dribbeln mit der Hand *(Hand – Komplexität: I)*

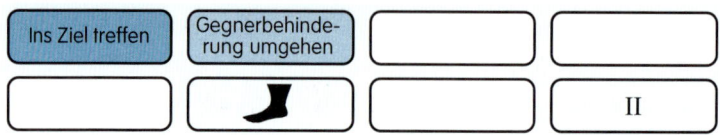

6

Dribbelticker

Die Spieler von zwei Teams dribbeln innerhalb der Spielfläche und versuchen, bei gleichzeitigem Schutz des eigenen Balles, den Ball von Spielern des gegnerischen Teams aus dem Feld zu schießen. Das Spiel ist beendet, wenn der letzte Spieler eines Teams auf diese Weise seinen Ball verloren hat.

HINWEISE

- Jeder Spieler hat einen Ball
- Spieler, die ausscheiden, erhalten außerhalb des Spielfeldes Jonglieraufgaben
- Auf eine körperlose Spielweise achten
- Ball möglichst eng am Körper kontrollieren
- Blick vom Ball lösen

VARIATIONEN

- Statt Ausscheiden gilt es eine Zusatzaufgabe zu erfüllen (z. B. Ball x-mal köpfen). Sieger ist das Team mit den wenigsten Ballverlusten (*Fuß – Komplexität: II*)
- Mit der Hand (*Hand – Komplexität: I*)
- Hindernisse (z. B. Medizinbälle) werden auf der Dribbelfläche verteilt (*Hand, Fuß – Komplexität: II*)

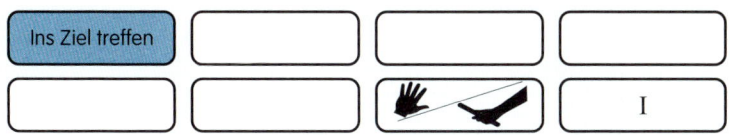

7

Rollball

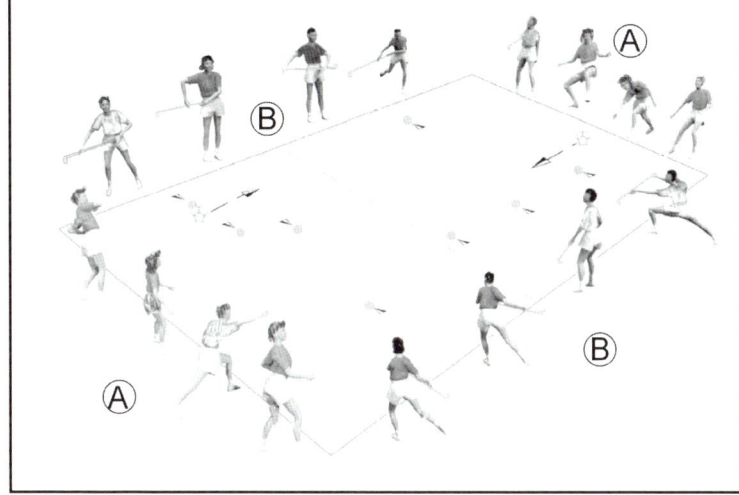

Team A stellt sich hinter den Endlinien der Spielfläche auf, Team B positioniert sich an den noch verbleibenden Seitenlinien. Je zwei Spieler von A haben einen Ball. Sie rollen die Bälle zwischen den Endlinien hin und her. Die Spieler von B versuchen mit geschlagenen Tennisbällen die rollenden Bälle zu treffen. Welches Team hat nach dem Rollenwechsel die meisten Treffer erzielt?

HINWEISE

- Die Entfernung zu den rollenden Zielbällen anfangs nicht zu groß wählen
- Im Team B hat jeder einen Ball
- Mit beweglichen Zielen lassen sich bereits räumlich-zeitliche Abstimmungen der Schlagbewegung schulen (vgl. Kapitel 4)

VARIATIONEN

- Team A spielt die Bälle hoch über das Spielfeld *(Hand – Komplexität: III)*
- Im Team A Bälle mit dem Fuß spielen, im Team B mit Tennisbällen die Bälle treffen *(Hand, Fuß – Komplexität: II-III)*
- Im Team A Bälle mit Kegelrollen zuspielen, im Team B mit den Füßen die rollenden Bälle abschießen *(Hand, Fuß – Komplexität: III)*

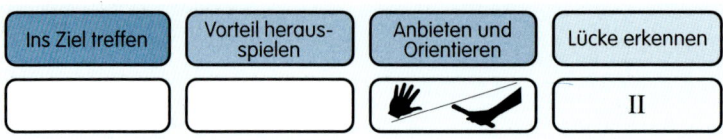

8

Reifenball

Jedem Team wird eine Grundlinie zugeordnet. Im Abstand von ca. drei Metern hinter der Grundlinie befinden sich Spieler des jeweils anderen Teams, die einen Gymnastikreifen halten. Innerhalb eines Teams soll der Ball in Richtung gegnerischer Grundlinie vorgespielt werden. Aus einer günstigen Spielposition heraus versucht der Ballbesitzer, einem Mitspieler den Ball so anzuwerfen, daß dieser ihn mit der Hand oder mit dem Schläger durch den Reifen schlagen kann.

HINWEISE

- Schrittregel vereinbaren
- Die Reifenhalter dürfen sich bewegen
- Abwehr hinter der Grundlinie wird mit Ballbesitz für das andere Team geahndet

VARIATIONEN

- Reifenhalter stehen auf einer Langbank sowie Frisbeescheibe statt Ball *(Hand – Komplexität: III)*
- Mit einem Fuß den Ball in einen von Mitspielern gehaltenen Eimer schießen *(Fuß – Komplexität: III)*

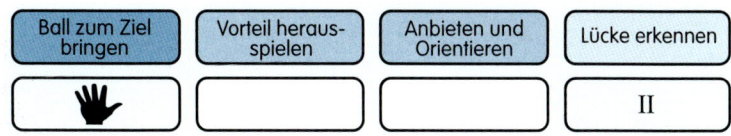

9

Pantherball

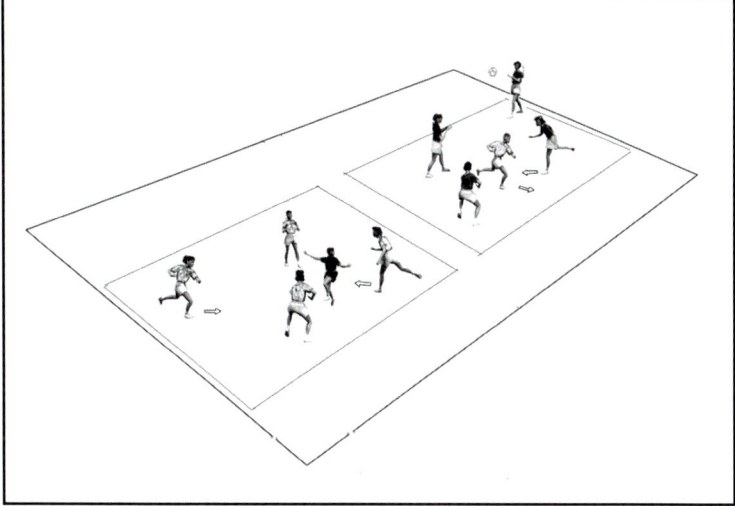

Jedes Team hat ein eigenes Spielfeld und entsendet von Durchgang zu Durchgang einen Mitspieler (Panther) ins gegnerische Spielfeld. Auf ein Signal hin passen sich die Spieler eines Teams den Ball untereinander so zu, daß sich der jeweilige Ballbesitzer möglichst nah an dem Panther befindet. Mit dem Ball darf nicht gelaufen werden. Gelingt es einem Ballbesitzer, mit beiden Händen am Ball den Panther zu berühren, ist der Durchgang beendet. Auf beiden Spielfeldern wird zeitgleich gestartet.

HINWEISE

- Spielfeldgröße anpassen
- Panther signalisieren Berührung
- Panther dürfen das Spielfeld nicht verlassen
- Körper-, Lauf- und Blickfinten können für den Panther hilfreich sein
- Alle Mitspieler müssen aufgrund der Schnelligkeit dieses Spieles ständig anspielbereit sein

VARIATIONEN

- Zwei Bälle, die untereinander nur indirekt gespielt werden dürfen *(Hand – Komplexität: III)*

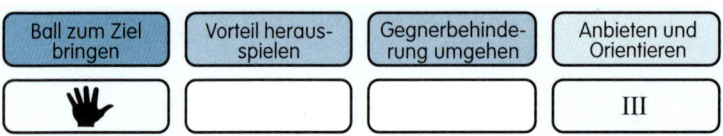

Ball zum Ziel bringen	Vorteil heraus-spielen	Gegnerbehinde-rung umgehen	Anbieten und Orientieren
✋			III

10

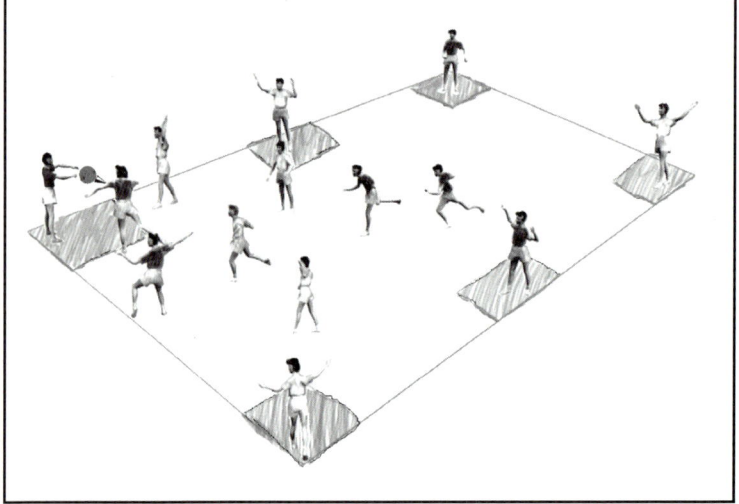

Eckenball

Jedes Team erhält eine bestimmte Anzahl von kleinen Turnmatten, auf denen sogenannte Eckenspieler stehen. Die übrigen Mitspieler bemühen sich um Ballbesitz und passen sich – ohne mit dem Ball in der Hand zu laufen – den Ball untereinander zu. Sofern es gelingt, daß ein Feldspieler den Ball mit dem Eckenspieler tauscht, ohne daß das gegnerische Team die Matte berührt, gibt es einen Punkt.

HINWEISE

- Es kann auch ein Überzahlverhältnis an Eckenspielern bestehen
- Verstoß gegen die Schrittregel wird mit Einwurf sanktioniert

VARIATIONEN

- Mit den Füssen die Bälle spielen und austauschen *(Fuß – Komplexität: III)*
- Zwei Bälle *(Hand, Fuß – Komplexität: III)*

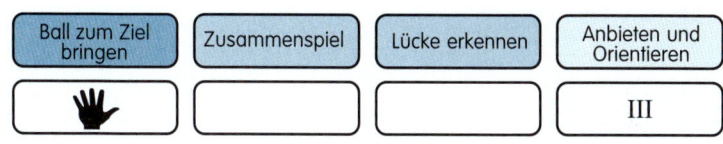

Ball zum Ziel bringen	Zusammenspiel	Lücke erkennen	Anbieten und Orientieren
🖐			III

11

Flugball

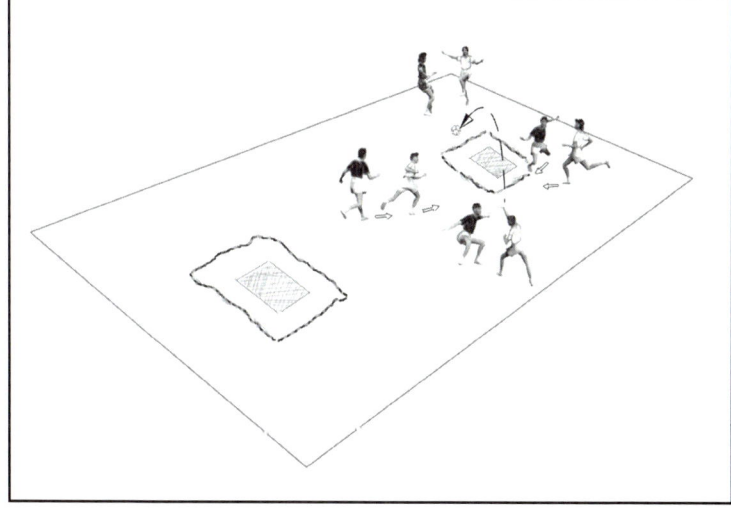

Jedes Team erhält eine Torfläche, die aus einer Flug- und Landezone besteht. Ziel ist es, durch Paßspiel den Ball so in die Nähe der gegnerischen Torfläche zu bringen, daß ein Mitspieler außerhalb der Flugzone abspringt, in der Luft den zugepaßten Ball fängt und mit dem Ball in der Landezone aufkommt. Mit dem Ball darf nicht gelaufen werden.

HINWEISE

- Spielfeld möglichst groß wählen; variable Anpassung der Torfläche (Baustellenband)
- Weichturnmatte in der Halle
- Unbedingt auf Körperlosigkeit (instabile Körperbalance in der Luft) achten
- Als Rasenspiel besonders gut geeignet

VARIATIONEN

- Zu Beginn kann auf die Flugzone verzichtet werden *(Hand – Komplexität: II)*
- Mit zwei Bällen spielen *(Hand – Komplexität: III)*

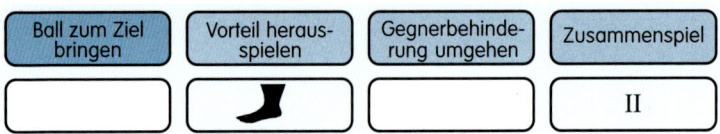

Ball zum Ziel bringen	Vorteil heraus-spielen	Gegnerbehinde-rung umgehen	Zusammenspiel
	🧦		II

12

Linienball

Zwei Teams bemühen sich um den Ballbesitz in einem Spielfeld. Ihnen wird jeweils eine Endlinie zugeordnet. Das Ziel besteht darin, den Ball durch Zuspiele untereinander vorzutragen und hinter der gegnerischen Linie zu stoppen. Dafür gibt es einen Punkt.

HINWEISE

- Bei größeren Teams gegebenenfalls Zuweisung von Spielfeld-korridoren
- Mann-Mann-Deckungsverhalten kann empfohlen werden
- Um die Gefahr von guten „Einzeldribblern" zu umgehen, sollte eine bestimmte Anzahl von Pässen im Spielfeld festgelegt werden
- Drei-Sekunden-Regel für den Aufenthalt hinter der gegnerischen Endlinie einführen

VARIATIONEN

- Ein Spieler befindet sich ständig hinter der Endlinie *(Fuß – Komplexität: I)*
- Der ballführende Spieler darf keine Schritte machen und nicht an-gegriffen werden *(Fuß – Komplexität: III)*
- Mit Fangen und Werfen sowie mit Schrittregel spielen *(Hand – Komplexität: II)*

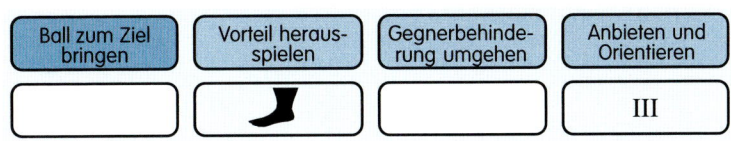

Ball zum Ziel bringen	Vorteil heraus-spielen	Gegnerbehinde-rung umgehen	Anbieten und Orientieren
			III

13

Eierlegen

Zwei Teams spielen gegeneinander um den Ballbesitz. Im Spielfeld liegen Gymnastikreifen. Die Mitspieler passen sich den Ball untereinander zu. Wer im Ballbesitz ist und sich unmittelbar an einem Gymnastikreifen befindet, stoppt den Ball im Reifen ab. Dafür gibt es einen Punkt, vorausgesetzt, es befindet sich im Moment des Stoppens kein gegnerischer Fuß im Reifen.

HINWEISE

- Es werden ein bis drei Gymnastikreifen mehr als die Anzahl der Mitspieler in einem Team verteilt
- Zwei Punkte hintereinander im selben Reifen zu erzielen, ist nicht möglich

VARIATIONEN

- Mit Werfen und Fangen im Reifen unter Beachtung einer Schrittregel *(Hand – Komplexität: II)*
- Der letzte Paß vor dem Stoppen bzw. Fangen im Gymnastikreifen muß ein indirekter sein *(Hand, Fuß – Komplexität: III)*

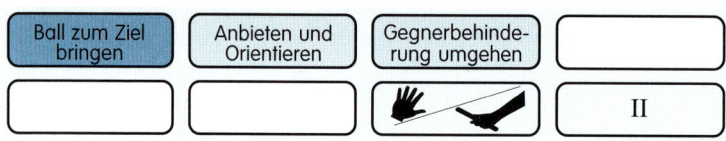

Ball zum Ziel bringen	Anbieten und Orientieren	Gegnerbehinde- rung umgehen	
		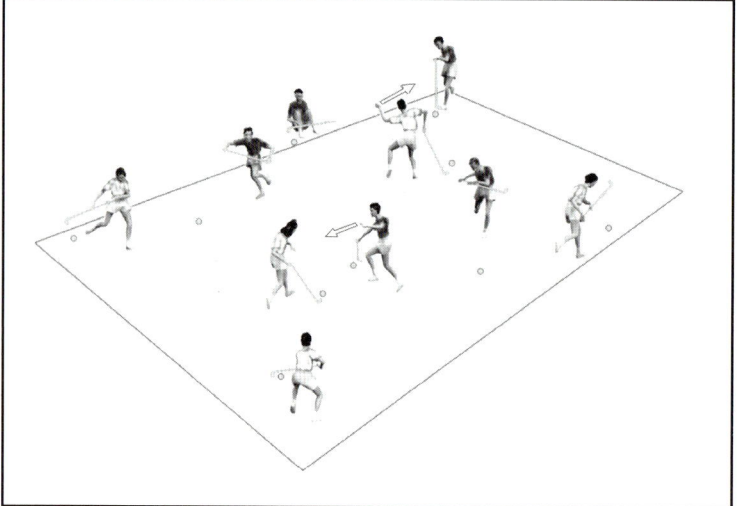	II

14

Balltouch

Zwei Teams stehen sich an den Endlinien des Spielfeldes gegenüber. Jeder hat einen Ball und einen Schläger. Eine Person pro Team wird als Fänger bestimmt. Auf ein Signal hin starten alle und versuchen, mit dem Schläger die Bälle führend die gegenüberliegende Endlinie zu erreichen. Die beiden Fänger führen mit einem Schläger einen Ball und versuchen, mit der freien Hand die Spieler des jeweils gegnerischen Teams zu tikken. Wer getickt wird, muß sich hinsetzen, und das gegnerische Team erhält pro geticktem Spieler einen Punkt.

HINWEISE

- Je größer die Spielfelder, um so schwieriger wird es für die Fänger
- Die Anzahl der Durchgänge richtet sich nach der Teamgröße. Jeder muß einmal in die Rolle des Fängers schlüpfen

VARIATIONEN

- Die Gejagten und die Jäger müssen die Bälle prellen *(Hand – Komplexität: I)*
- Die Gejagten und die Jäger müssen die Bälle mit den Füßen führen *(Fuß – Komplexität: I)*
- Mit der nicht-dominanten Seite spielen *(Hand, Schläger – Komplexität: III)*

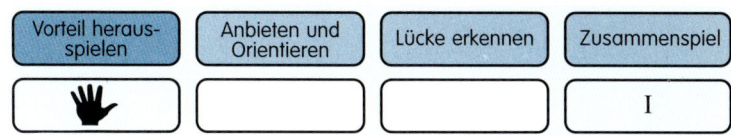

Vorteil heraus-spielen	Anbieten und Orientieren	Lücke erkennen	Zusammenspiel
✋			I

15

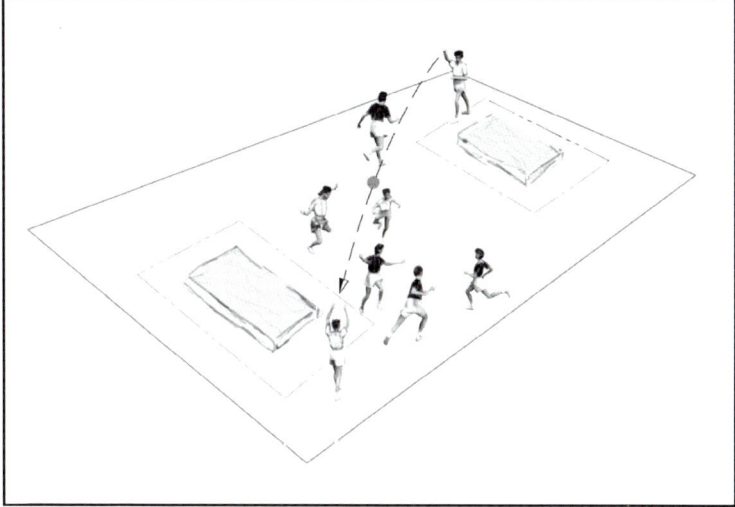

Mattenball

Jedes Team erhält eine Weichbodenmatte und eine Wurfzone. Das Ziel besteht darin, den Ball durch Zuspiele untereinander vorzutragen und aus einer günstigen Spielposition außerhalb der „Tabu-Wurfzone" die Matte des gegnerischen Teams zu treffen. Welches Team erzielt die meisten Mattentreffer?

HINWEISE

- Zunächst mit Dribbelverbot sowie eingeschränkter Schrittregel bei Ballbesitz beginnen, danach allmählich auflockern
- Mann-Mann-Deckungsverhalten kann empfohlen werden

VARIATIONEN

- Auf jeder Matte befindet sich ein Torwart *(Hand – Komplexität: I)*
- Zwei oder mehr kleine Turnmatten werden für jedes Team ausgelegt *(Hand – Komplexität: I)*
- Das Team im Ballbesitz kann auf jeder Matte einen Punkt erzielen, mit einer Ausnahme: Punkte hintereinander auf derselben Matte werden nicht gezählt *(Hand – Komplexität: I)*
- Zuspiele nur mit dem Fuß *(Fuß – Komplexität: II)*
- Die Matten werden an die Wand gelegt *(Hand, Fuß – Komplexität: I)*

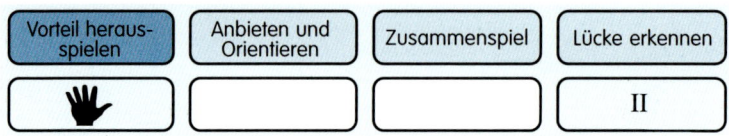

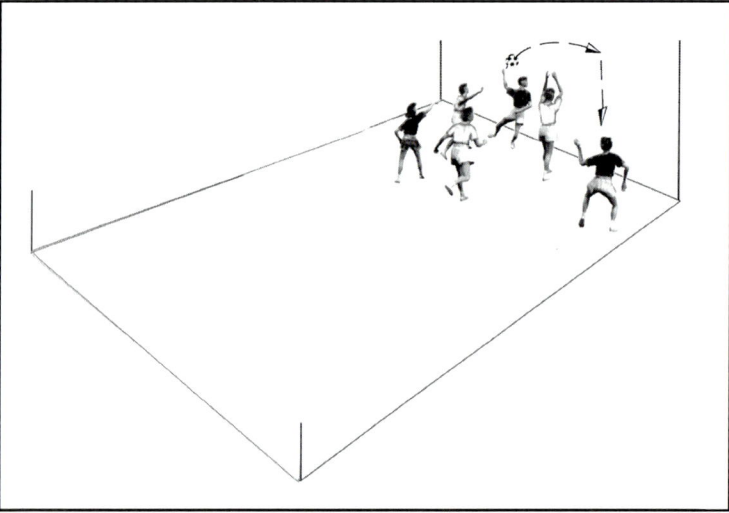

16

Wandball

Zwei Teams erhalten jeweils eine Stirnwandseite zugewiesen, welche die Spielfeldbegrenzungen darstellen. Der Ball soll in Richtung der gegnerischen Stirnwandseite vorgespielt werden. Jeder vom Mitspieler gefangene Wandabpraller ergibt einen Reboundpunkt. Nach einem Reboundpunkt muß sich das erfolgreiche Team in die eigene Spielfeldhälfte zurückziehen. Welches Team kann die meisten Reboundpunkte in einer bestimmten Zeit erzielen?

HINWEISE

- Verteilung im Spielfeldraum ist wichtig, um eine Spieleransammlung an den Wänden zu vermeiden
- Körperlosigkeit muß strikt beachtet werden, da beim „Kampf" um die Wandabpraller ansonsten Gefahrenmomente auftreten können
- Schrittregel verabreden

VARIATIONEN

- Wandabpraller darf nicht gefangen, sondern muß zunächst kurzkontaktig (Hand, Fuß usw.) gespielt werden und ein dritter Mitspieler muß dieses Zuspiel fangen *(Hand – Komplexität: III)*
- Reboundpunkte werden erst nach einer bestimmten Anzahl von Zuspielen gewertet *(Hand – Komplexität: III)*
- Mit Rugbyball auf Basketballbretter *(Hand – Komplexität: III)*

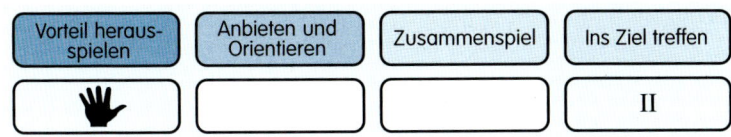

17

Rebounder

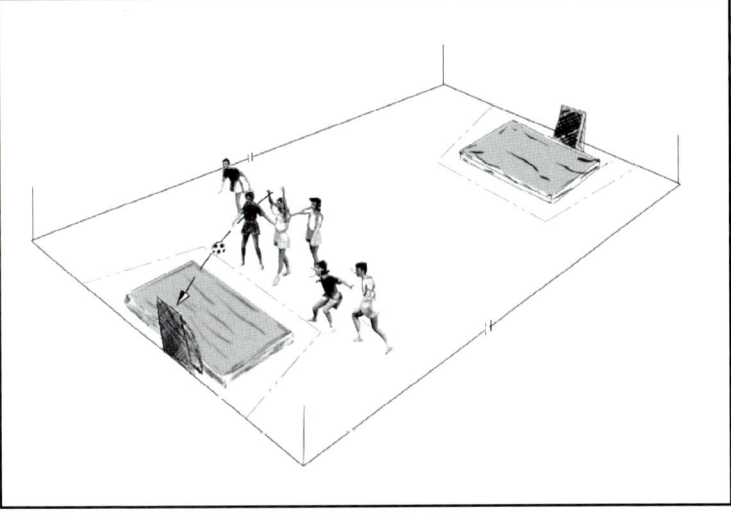

Zwei Sprungbretter, die schräg gegen die Wand gestellt und von Matten abgestützt und begrenzt werden, gelten als Treffläche. Sofern der abprallende Ball den Boden (nicht die Matten) berührt, wird ein Punkt vergeben. Das gegnerische Team versucht den Spielaufbau zu stören, Wurfgelegenheiten körperlos zu behindern oder den Rebounder abzufangen.

HINWEISE

- Einen kleinen „Wurfkreis" möglichst trapezförmig anordnen
- Die variable Anordnung der Matten um das Sprungbrett erleichtert oder erschwert den Angriff
- Bei Regelverstößen erfolgt indirekter Freiwurf

VARIATIONEN

- Minitrampolin und Ballart nach jedem fünften Punktgewinn wechseln *(Hand – Komplexität: II)*
- Mit vier Brettern *(Hand – Komplexität: II)*
- Rebound muß von einem Mitspieler gefangen werden *(Hand – Komplexität: III)*
- Rebound nicht fangen, sondern zunächst ein- oder beidarmig hochschlagen und dann fangen *(Hand, Schlaghand – Komplexität: III)*

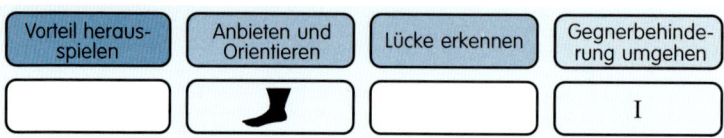

Vorteil heraus-spielen	Anbieten und Orientieren	Lücke erkennen	Gegnerbehinde-rung umgehen
			I

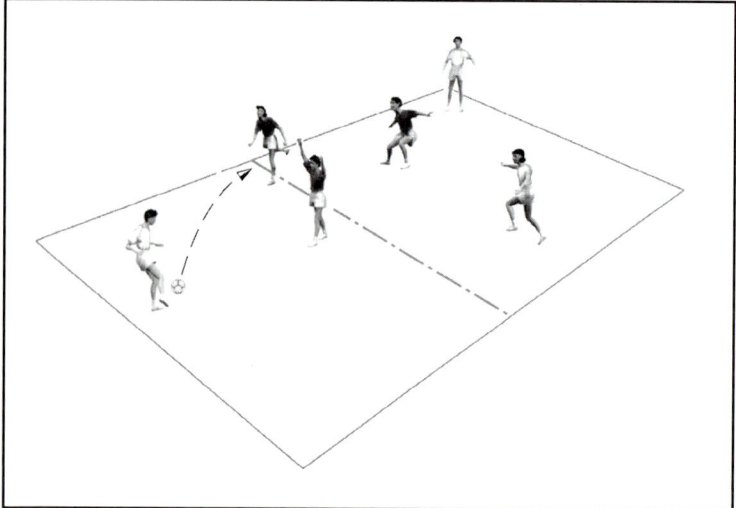

18

Feldwechsel

Zwei Teams spielen gegeneinander um den Ballbesitz in zwei Spielfeldern. Jedes Zuspiel innerhalb eines Teams von Feld zu Feld zählt einen Punkt, sofern die Gegenspieler den Ball nicht berühren konnten. Welches Team hat in einer bestimmten Zeit die meisten Punkte erzielt?

HINWEISE

- Pylonen oder Hallenlinien können für variable Felder sorgen
- Kleine Spielfelder erhöhen die Anforderungen
- Option auf Mann-Mann-Zuordnung besprechen lassen
- Anzahl von Pässen innerhalb eines Teams auf einem Spielfeld ist unbegrenzt

VARIATIONEN

- Passen und Fangen *(Hand – Komplexität: I)*
- Zwei Bälle *(Hand, Fuß – Komplexität: II)*
- Drei oder vier Spielfelder: Jedes Zuspiel oder erst eine bestimmte Abfolge wird als Punkt gewertet *(Hand, Fuß – Komplexität: III)*

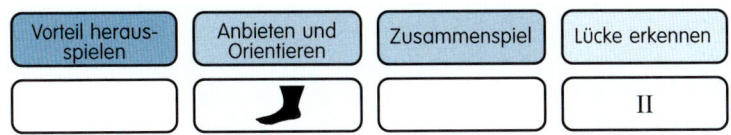

Vorteil heraus-spielen	Anbieten und Orientieren	Zusammenspiel	Lücke erkennen
			II

19

Vier – Tore – Ball

Im Spielfeld werden vier Tore (z. B. Slalomstangen) aufgestellt. Das im Ballbesitz befindliche Team bemüht sich, den Ball durch die Tore hin und her zu spielen. Zu diesem Zweck müssen vor und hinter einem Tor die Mitspieler stehen, um ein Zuspiel untereinander zu ermöglichen. Für ein solches Zuspiel ohne Ballberührung eines Gegenspielers wird ein Punkt vergeben.

HINWEISE

- Je größer das Spielfeld, umso kleiner die Tore und umgekehrt
- Lauffinten und spielraumöffende Zuspiele können akzentuiert werden
- Zuspiele zwischen den Toren nur bis zur Höhe der Slalomstangen
- Auf eine körperlose Spielweise achten

VARIATIONEN

- Wenn der Ball noch einmal hin und her gespielt werden kann, ohne Ballberührung des gegnerischen Teams, werden zwei Punkte vergeben *(Fuß – Komplexität: II)*
- Zuspielvariationen (im Spielfeld nur Werfen und Fangen) *(Hand – Komplexität: I)*

Vorteil heraus-spielen	Anbieten und Orientieren	Lücke erkennen	Ins Ziel treffen
		🖐 🕊	II

20

Breites Tor

Das Spielfeld wird in eine Abwehr- und Angriffszone geteilt. Hinter der Abwehrzone befindet sich ein breit gestecktes Tor, in dem zwei bis vier Torhüter stehen. Die Spieler vom Team A, die nicht Torhüter sind, dürfen sowohl in der Abwehr- als auch in der Angriffszone agieren. Team B hält sich ausschließlich in der Angriffszone auf und bemüht sich, einen Mitspieler in eine günstige Schußposition zu bringen. Je nach Erfolgschance, die sich aus der Verteidigungsstellung von Team A ergibt, wird 20mal auf das breite Tor geschossen. Danach Wechsel.

- Da das abwehrende Team mehrere Torhüter abstellt, befindet sich das angreifende Team in einem Überzahlverhältnis

- Das Spielgerät kann vom Rollen mit der Hand über den Turnschuh, den Gymnastikstab, den Tennisring bis hin zu einem Hockeyschläger variiert werden

HINWEISE

- Hinter dem Tor wird auch eine Abwehr- und Angriffszone abgesteckt, so daß von beiden Seiten auf das Tor geschossen werden kann *(Schläger – Komplexität: II)*

VARIATIONEN

Zusammenspiel	Anbieten und Orientieren	Gegnerbehinde-rung umgehen	
✋			I

21

Tigerball

Zwei Teams werden gebildet. Jede Mannschaft stellt sich zu einem eigenen Kreis auf und entsendet zwei Mitspieler (Tiger) in den Kreis des anderen Teams. Auf ein Signal passen sich die Außenspieler den Ball untereinander kreuz und quer zu (nicht über Kopfhöhe), während die Tiger versuchen, den Ball zu berühren oder abzufangen. Die Tiger, die am schnellsten den Ball abfangen, erhalten einen Punkt. Danach erfolgt der nächste Durchgang mit jeweils zwei neuen Tigern. Welches Team erreicht die meisten Abfangpunkte?

HINWEISE

- Im Falle von Ballhalten oder verpaßten Zuspielen oder Fangfehlern, die zu Unterbrechungen von mehr als 5-10 Sekunden führen, wird ein „1/3-Stealpoint" verhängt. Drei Stealpoints = ein Abfangpunkt
- Die Tiger dürfen den Kreis nicht verlassen

VARIATIONEN

- Zur Einhaltung der festen Positionen können den Außenspielern am Anfang feste Positionen (Gymnastikreifen) zugeordnet werden *(Hand – Komplexität: II)*
- Zuspielarten: einhändig-beidhändig, direkt-indirekt, Prellwürfe, Rollen, Stoßen usw. *(Hand – Komplexität: II)*
- Einschränkungen vorgeben: keine Zuspiele an die direkten Nachbarn oder keine Doppelpässe *(Hand, Fuß – Komplexität: III)*

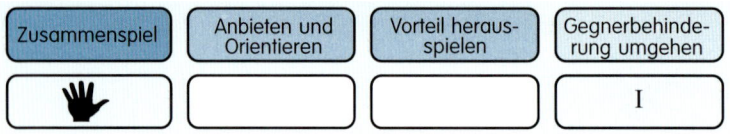

Zusammenspiel	Anbieten und Orientieren	Vorteil heraus-spielen	Gegnerbehinde-rung umgehen
✋			I

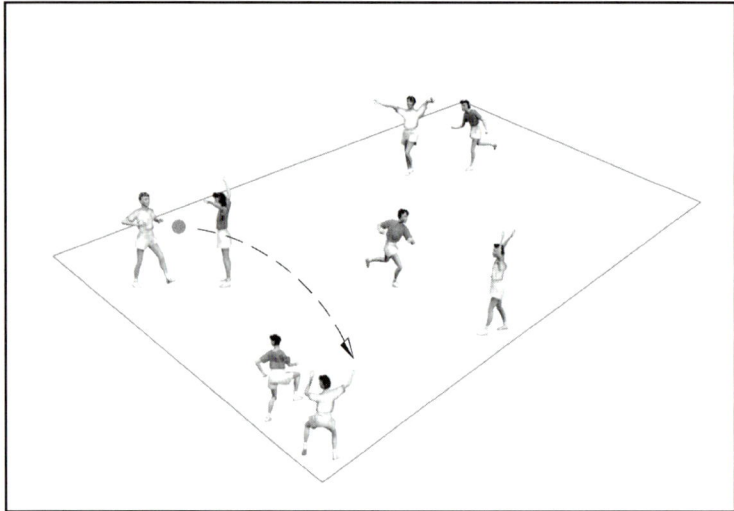

22

Schnappball

Zwei Teams spielen gegeneinander um den Ballbesitz. Jedes Team be-müht sich, den Ball so lange wie möglich untereinander zuzupassen. Das gegnerische Team versucht durch Abfangen selbst in Ballbesitz zu kommen. Jedes Zuspiel zählt einen Punkt.

HINWEISE

- Bei zu langem Ballhalten, bei mehr als zwei Schritten mit dem Ball, bei unerlaubtem Körpereinsatz (Stoßen, Klammern usw.) oder bei Übertreten der Spielfeldlinien wird auf Ballverlust entschie-den
- Zuspielarten sind zunächst freigestellt: einhändig-beidhändig, di-rekt-indirekt, usw.
- Doppelpässe sind verboten

VARIATIONEN

- Nach 10 oder 20 Zuspielen ohne Ballverlust gibt es einen „Big-Point" *(Hand – Komplexität: III)*
- Jedes Teammitglied erhält eine Nummer. Zuspielfolge = Nummern-folge *(Hand – Komplexität: III)*
- Mit dem Fuß oder Schläger zuspielen *(Fuß, Schläger – Komplexi-tät: III)*

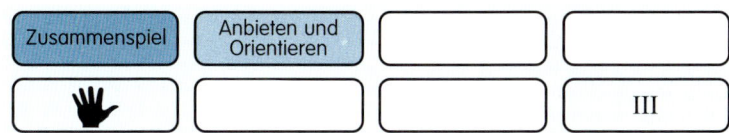

| Zusammenspiel | Anbieten und Orientieren | | |
| 🖐 | | | III |

23

Wechselball

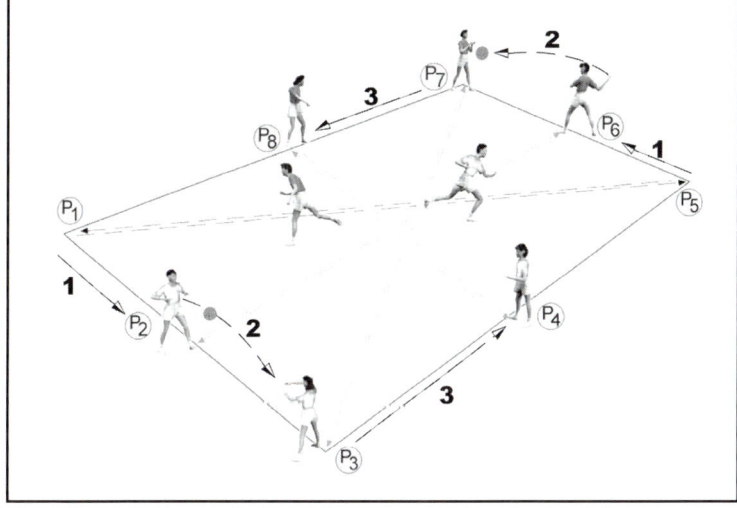

Die Teams stellen sich in einem Viereck auf. Der Ball wird von Spieler zu Spieler außen am Viereck entlang gepaßt. Nachdem ein Spieler einen Ball gefangen und ihn nach einer Drehung zum nächsten Mitspieler weitergepaßt hat, wechselt er diagonal seinen Platz. Gestartet wird von zwei gegenüberliegenden Ecken (P1, P5) mit zwei Bällen. Welches Team schafft in einer bestimmten Zeit die meisten Durchgänge?

HINWEISE

- Die Größe des Vierecks und die Anzahl der Spieler dem Leistungsstand anpassen
- Am Anfang erst langsam durchspielen
- Hohe Anforderungen an die räumliche Orientierung
- Differenzierung möglich, indem die Ecken von leistungsstärkeren Spielern besetzt werden

VARIATIONEN

- Verschiedene Pässe: indirekte Würfe, Prellwürfe, hinter dem Körper *(Hand – Komplexität: III)*
- Mit dem Fuß spielen *(Fuß – Komplexität: III)*

24

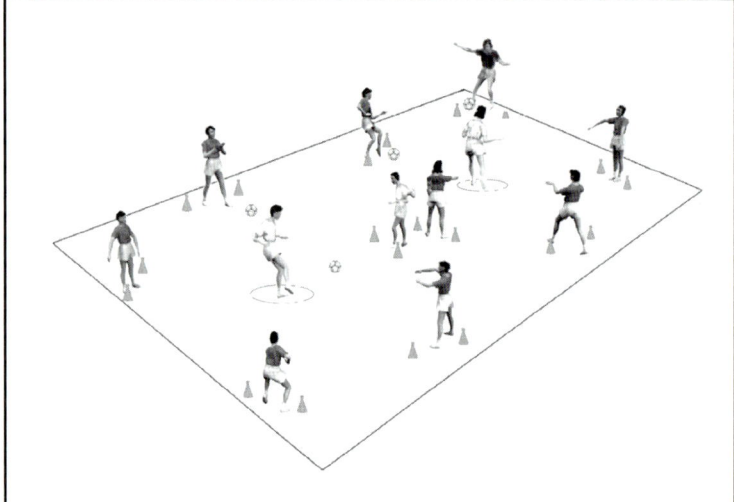

Doppelball

Jedes Team hat sich in einer Kreisformation aufgestellt. Die Spieler stehen in einer begrenzten Abspielzone. In der Mitte des Kreises befindet sich ein Zuspieler mit zwei Bällen. Auf ein Signal hin paßt der Zuspieler einen Ball zum ersten Kreisspieler, dann sofort den zweiten Ball zum zweiten Kreisspieler. Inzwischen hat der Zuspieler vom ersten Kreisspieler den Ball wieder erhalten, den er sofort an den dritten Kreisspieler weiterspielt usw. Nachdem der letzte Kreisspieler beide Bälle gestoppt hat, wechselt er mit dem Zuspieler den Platz. Sieger ist das Team, in dem zuerst jeder einmal Zuspieler war.

- Radius des Kreises dem Könnensstand anpassen
- Eher viele kleine als wenige große Teams festlegen

HINWEISE

VARIATIONEN

- Paßarten werden verändert: Innenseite, Außenseite, Spann *(Fuß – Komplexität: III)*
- Wer im Kreis zum Zuspieler gepaßt hat, führt Zusatzaufgaben aus, wie auf der Stelle Gehen, Hüpfen, Springen oder auch Hinsetzen. Bei dem nächsten Zuspieler wechselt auch die Zusatzaufgabe *(Fuß – Komplexität: III)*
- Rollen, Werfen und Fangen oder Schlagen mit einem Hockeyschläger usw. *(Hand, Schläger – Komplexität: II)*

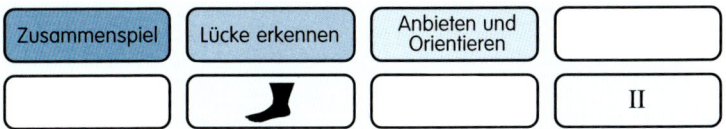

II

25

Abfangball

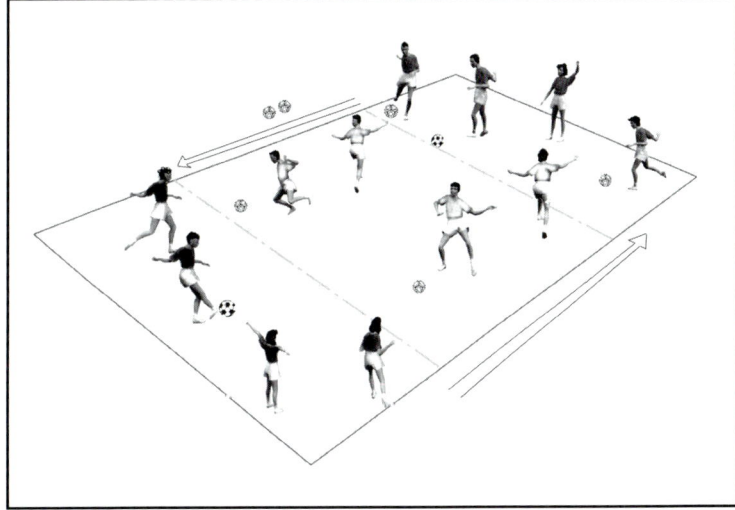

Ein großes Spielfeld wird in drei Zonen unterteilt. Diese werden mit gleichgroßen Teams besetzt. Die Spieler in den äußeren Zonen haben einen Ball. Sie versuchen, ihre Bälle flach durch die mittlere Zone (unter Kniehöhe) zu schießen, ohne daß diese von den Spielern in der mittleren Zone (Torhüter) abgefangen werden. Die Torhüter legen abgefangene Bälle am Spielfeldrand ab. Ein Spieldurchgang ist beendet, wenn kein Ball mehr im Spiel ist. Welches Torhüterteam hat die längste Zeit zum Abfangen der Bälle benötigt?

HINWEISE

- Die Größe der Torhüterzone und die Anzahl der Torhüter richtet sich nach dem Leistungsvermögen

VARIATIONEN

- Die abgefangenen Bälle müssen im Spielfeld abgelegt werden. Gelingt es den Spielern in den äußeren Zonen die ruhenden Bälle abzuschießen, können diese wiederum von den Außenspielern benutzt werden *(Fuß – Komplexität: III)*
- Die Torhüter dürfen die Bälle nur mit den Füßen stoppen *(Fuß – Komplexität: III)*
- Prellwürfe durch die Torhüterzone *(Hand – Komplexität: III)*

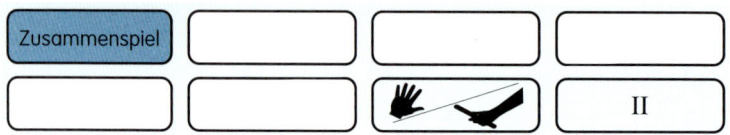

26

Wanderball

Jedes Team hat sich in einer Gassenformation aufgestellt. An dem einen
Ende befindet sich ein mit unterschiedlichen Bällen gefüllter und am
anderen Ende ein leerer Ballbehälter. Auf ein Signal hin passen/schie-
ben/schlagen und stoppen die Spieler sich im Zick-Zack-Kurs die Bälle
zu. Welches Team hat den zunächst leeren Ballbehälter am schnellsten
gefüllt?

HINWEISE

- Der Zick-Zack-Kurs der Gasse kann hinsichtlich des Verlaufes sehr
  unterschiedlich gewählt werden. In jedem Fall sollte der Kursverlauf
  für die beteiligten Teams gleich sein

VARIATIONEN

- Nur ein Ball pro Team im Umlauf. Sobald der Spieler auf der letzten Anspielposition den Ball nach dem Stoppen in den Behälter
  legt, ruft er ein Signalwort. Dies ist das Zeichen für den Wechsel
  der Positionen im Uhrzeigersinn. Das Ende des Spieles: Welches
  Team steht als erstes wieder in der Ausgangsposition? *(Schläger –
  Komplexität: III)*
- Mit der Hand, dem Fuß zuspielen *(Hand, Fuß – Komplexität: I)*

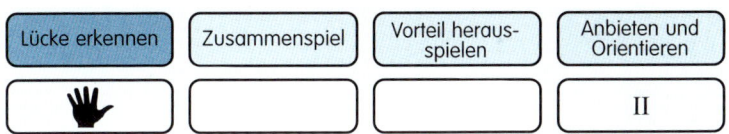

27

Über die Mitte

Zwei Teams zu je sechs Spielern stellen sich in zwei Feldern auf, die jeweils dreigeteilt sind (Außenzone-Innenzone-Außenzone). Auf dem einen Spielfeld stehen in der Innenzone zwei Spieler des Teams A und auf dem Nachbarspielfeld befinden sich je zwei Spieler von A in den Außenzonen. Das Team B besetzt die übrigen Zonen. Die Spieler in den Außenzonen haben die Aufgabe, sich die Bälle zuzuspielen, wobei die Spieler in der Innenzone dies unterbinden sollen. Pro abgefangenem oder berührtem Ball erhalten die Spieler in der Innenzone einen Punkt.

HINWEISE

- Die Zuspiele dürfen nicht über Reichhöhe erfolgen
- Pässe der Außenspieler, die nicht innerhalb der Außenzone gefangen werden können, ergeben einen Punkt für das gegnerische Team
- Innerhalb von fünf Sekunden muß der Ball eine Außenzone verlassen haben
- Nach einer bestimmten Zeitsequenz erfolgt der nächste Rollentausch; insgesamt gibt es drei Durchgänge

VARIATIONEN

- Verschiedene Zuspielarten (einhändig-beidhändig, direkt-indirekt usw.) mit Schießen und Stoppen variieren *(Hand, Fuß – Komplexität: II)*

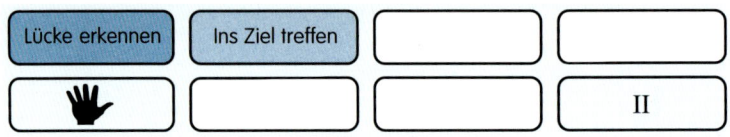

28

Bodenball

Zwei Spieler stehen in einem markierten Spielfeld vor einer Wand und bemühen sich, den Ball nacheinander so gegen die Wand zu spielen, daß der ins Feld zurückprallende Ball vom Gegenspieler nicht gefangen werden kann. Fehler sind: Bälle, die innerhalb oder außerhalb des Spielfeldes den Boden berühren. Welcher Spieler hat zuerst zehn Punkte?

- Der Abstand und die Größe des Spielfeldes zur Wand richtet sich nach dem Leistungsstand der Spieler
- Der Ball wird per Rückwärtswurf ins Spiel gebracht
- An der Wand wird eine Linie mit Kreide gezeichnet, über die der Ball gespielt werden muß

HINWEISE

- Mit mehreren Spielfeldern ist auch eine Teamwertung möglich *(Hand – Komplexität: II)*
- Der Ball muß immer rückwärts oder als Prellwurf gegen die Wand gespielt werden *(Hand – Komplexität: III)*

VARIATIONEN

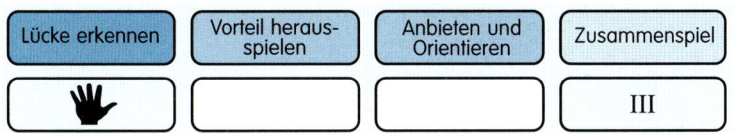

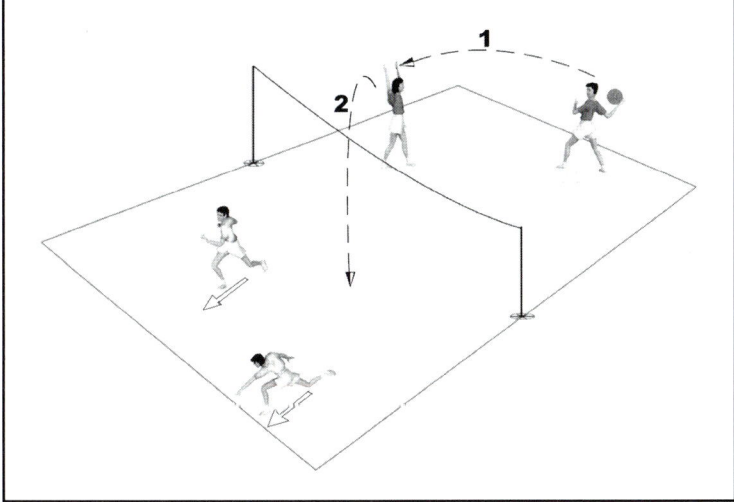

Zwei Kontakte

29

Zwei Teams aus zwei bis drei Spielern stehen sich – durch ein Netz (Schnur, Kästen, Bänke) getrennt – gegenüber. Jedes Team hat – bis auf den Einwurf – zwei Pflichtkontakte, d. h. der Spieler, der den Ball fängt (erster Kontakt), paßt den Ball zum Mitspieler. Dieser wirft den Ball über das Hindernis ins gegnerische Feld (zweiter Kontakt) und ruft mit dem Abwurf ein verabredetes Wort. Das ist das Signal für beide Spieler, zur Grundlinie zu laufen, mit beiden Händen die Linie zu berühren und danach die Plätze zu tauschen. Das gegnerische Team versucht in dieser Zeit, mit dem zweiten Kontakt die entstandene Lücke auszunutzen und den Ball dorthin zu spielen. Sobald der Ball auf den Boden fällt, ist der Ballwechsel beendet.

HINWEISE

- Der Einwurf erfolgt rückwärts Überkopf von der Grundlinie
- Laufen mit dem Ball ist verboten
- Die Einwürfe wechseln ständig zwischen den Teams ab
- Das Spiel muß anfangs von außen geleitet werden, da Regelverstöße aufgrund des schnellen Spiels für die beteiligten Spieler häufig nicht zu beobachten sind
- Sprungabspiele sind untersagt

VARIATIONEN

- Ohne Zusatzaufgaben (Zurücklaufen, Plätze tauschen) *(Hand – Komplexität: II)*

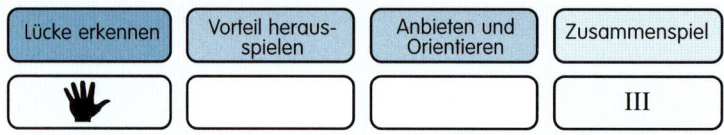

Lücke erkennen	Vorteil heraus-spielen	Anbieten und Orientieren	Zusammenspiel
✋			III

30

Über und Unter

In der Mitte eines großen Spielfeldes wird über Reichhöhe der Spielenden eine Schnur oder ein Netz gespannt. Die Spieler zweier Teams können sich beliebig auf beiden Seiten aufstellen und auch im Spielgeschehen die Seiten wechseln. Das im Ballbesitz befindliche Team bemüht sich, den Ball einmal über und einmal unter der Schnur untereinander zuzuspielen, um einen Punkt zu erzielen. Ein Laufen mit dem Ball ist nicht gestattet. Links und rechts der Schnur werden mit Kreide Abwurflinien (ein bis zwei Meter) eingezeichnet, die kein Spieler betreten darf.

- Die Anzahl der Pässe, bevor der Ball über oder unter der Schnur gespielt wird, ist beliebig

HINWEISE

- Zwei Bälle, die oberhalb oder unterhalb der Schnur zusammenprallen sollen *(Hand – Komplexität: III)*
- Variation der Zuspiele (z. B. über die Schnur: Einhändiges Werfen; unter der Schnur: Passen mit dem Fuß) *(Hand, Fuß – Komplexität: III)*

VARIATIONEN

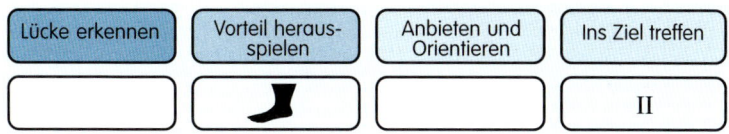

Lücke erkennen	Vorteil heraus-spielen	Anbieten und Orientieren	Ins Ziel treffen
			II

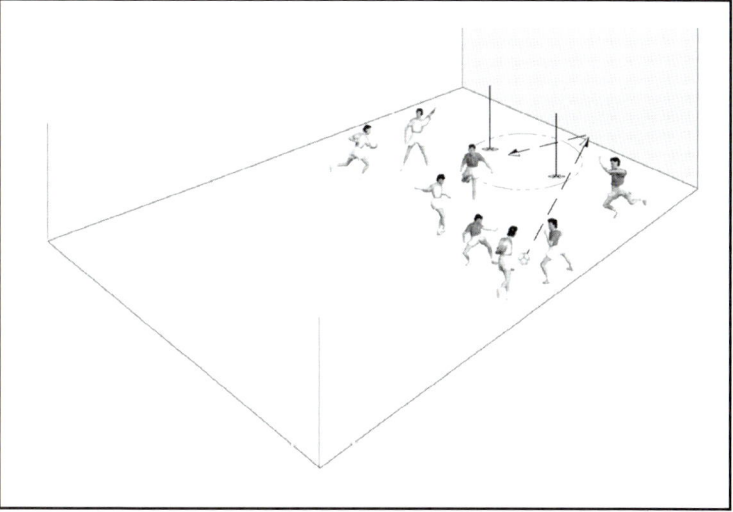

31

Indirekte Tore

In einem Abstand von ca. vier bis fünf Metern werden zur Wand ausgerichtete Tore (z. B. Pylonen oder Slalomstangen) aufgestellt. Diese befinden sich in einem Torraum, der nicht betreten werden darf. Das ballbesitzende Team ist bestrebt, aus einer günstigen Spielposition heraus indirekt (über die Wand) Treffer zu erzielen.

HINWEISE

- Die Größe und der Abstand der Tore zur Wand ist an das Leistungsniveau anzupassen
- Auf dem Rasen werden hinter Hockey- oder Feldhandballtoren kleine Kästen oder dergleichen aufgestellt
- Längere Dribblings sind verboten; vier Pflichtabspiele vor dem Torschuß

VARIATIONEN

- Es wird eine „Tabuzone für das Betreten" zwischen Tor und Wand bestimmt *(Fuß – Komplexität: III)*
- Der Ball wird mit der Hand geprellt *(Hand – Komplexität: II)*

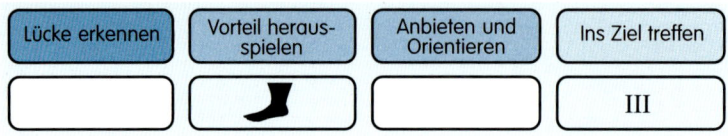

Lücke erkennen	Vorteil heraus-spielen	Anbieten und Orientieren	Ins Ziel treffen
			III

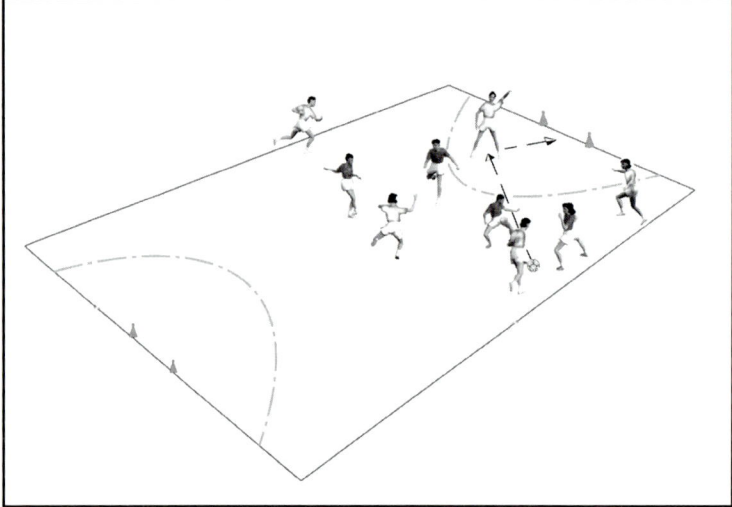

32

Vom Paß

zum Tor

In einer Spielhälfte spielt das angreifende Team in Überzahl gegen das Verteidigerteam. Während vier offensive Spieler sich um den Strafraum bewegen und untereinander den Ball zuspielen, ohne den Strafraum zu betreten, bietet sich der fünfte Spieler an, um im Torraum angespielt zu werden. Nach dem Anspiel schießt er direkt auf ein kleines Pylonentor. Das verteidigende Team versucht die Anspiele zu unterbinden, wobei es nicht den Torraum betreten darf. Jedes erfolgreiche Anspiel zählt zwei Punkte, ein direkter Treffer zusätzlich einen Punkt. Auf der anderen Spielhälfte haben die Teams die Rollen vertauscht.

- In einer zuvor verabredeten Zeitspanne wechselt das angreifende Team ihren Torraumspieler aus
- Überkopfspiele sind nicht erlaubt

HINWEISE

- Mit Werfen und Fangen auf dem Basketballcourt (angreifendes Team um die 3-Punkte-Linie und der einzelne Angreifer in der begrenzten Zone; das verteidigende Team agiert zwischen 3-Punkte-Linie und der begrenzten Zone). Zuspiele über Kopfhöhe sind nicht gestattet (*Hand – Komplexität: II*)

VARIATIONEN

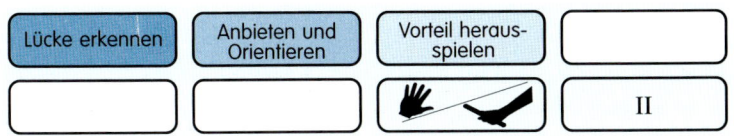

Lücke erkennen	Anbieten und Orientieren	Vorteil heraus-spielen	
			II

33

Paß durch

die Mitte

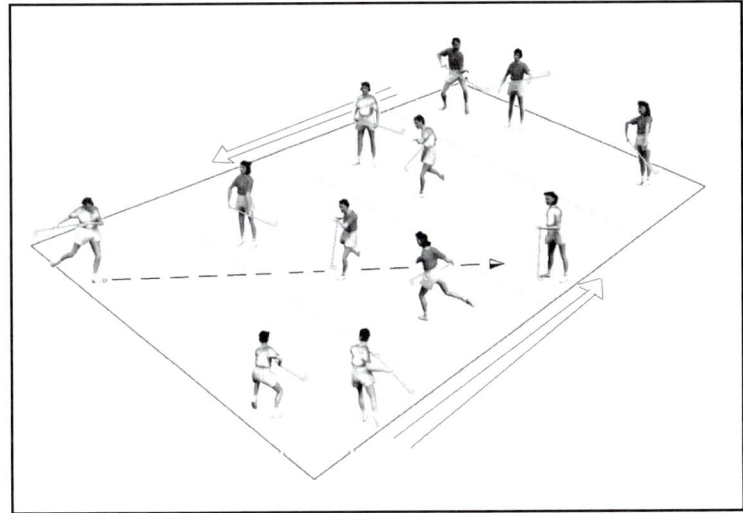

Das Spielfeld wird in vier Zonen untergliedert. Jedes Team teilt sich in zwei Gruppen auf. Die Gruppen stehen allein in einer Zone und bemühen sich, die Mitspieler in der übernächsten Zone anzuspielen. Das ergibt einen Punkt. Der Ball kann auch innerhalb einer Zone untereinander zugespielt werden, bis sich eine günstige Gelegenheit zum Paß durch die gegnerische Zone ergibt. Das andere Team versucht, durch geschicktes Stellungsspiel in Ballbesitz zu gelangen. Nach zehn Punkten wechseln die Teilgruppen der beiden Teams ihre Zonen. Das Team, welches zuerst 20 Punkte erreicht, ist Sieger.

HINWEISE

- Spielfeldgröße der Teilnehmerzahl anpassen

VARIATIONEN

- Punkte können differenziert je nach Zuspiel vergeben werden (z. B. direkt: einen, indirekt: zwei) *(Schläger – Komplexität: III)*
- Je nach Spielfluß kann auch die Anzahl der Zuspiele in einer Zone begrenzt werden *(Schläger — Komplexität: III)*
- Zwei oder mehr Bälle ohne Punktewertung *(Schläger – Komplexität: III)*
- Zuspiele mit Hand oder Fuß *(Hand, Fuß – Komplexität: II)*

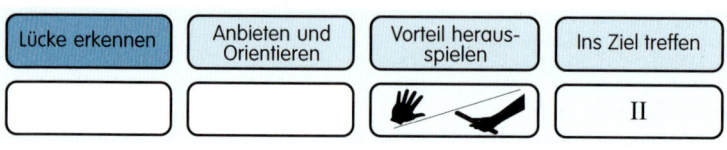

Lücke erkennen	Anbieten und Orientieren	Vorteil heraus-spielen	Ins Ziel treffen
			II

34

Torball

Auf einem Spielfeld wird an den Grundlinien jeweils ein breites Tor durch Pylonen markiert und drei Meter davor eine Abschußlinie festgelegt. Sie darf nur zum Holen von Bällen überquert werden. Im Tor befinden sich zwei bis drei Spieler eines Teams, die bestrebt sind, die Bälle vor der Abschußlinie ins gegnerische Tor zu schlagen.

HINWEISE

- Abstand und Größe der Tore dem Leistungsniveau anpassen
- Alternativ können drei bis vier kleinere Bälle als Trefferziele auf die Torlinie gelegt werden
- Bälle, die ins Seitenaus geschlagen werden, müssen von dem betreffenden Team wieder geholt werden

VARIATIONEN

- Zwei bis drei Bälle im Umlauf *(Schläger – Komplexität: III)*
- Die geschlagenen Bälle müssen mit dem Rücken zum gegnerischen Team gestoppt werden *(Schläger – Komplexität: III)*
- Kegelrollen mit der Hand oder Schießen mit dem Fuß *(Hand, Fuß – Komplexität: I)*

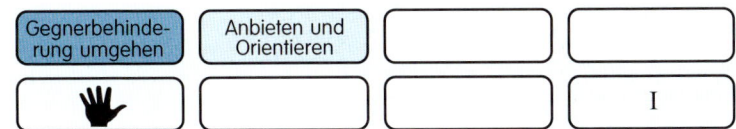

Gegnerbehinde-rung umgehen	Anbieten und Orientieren		
✋			I

35

Durch-schlüpfen

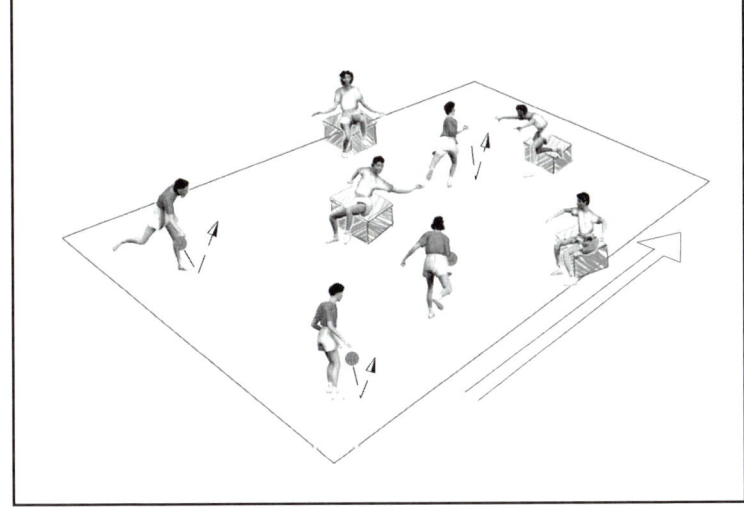

Im Team A stellt sich jeder mit einem Ball an die Endlinie. Im Bereich der Mittellinie sitzen die Mitglieder des Teams B auf versetzt gestellten Kleinkästen. Die Spieler von A haben die Aufgabe, die gegenüberliegende Endlinie prellend zu erreichen. Team B versucht, ohne die Kästen zu verlassen, die Bälle von A mit den Händen oder Füßen wegzuspielen. Für jedes erfolgreiche Stören erhält B einen Punkt.

HINWEISE

- Die Spielfeldbestimmung richtet sich nach Anzahl der Spielenden
- Punktgewinne werden durch die Anzahl und die Aufstellung der Kleinkästen stark beeinflußt
- Der Spielleiter muß auf die Einhaltung des Spielfeldes (Seitenlinien) und auf korrektes Wegspielen achten

VARIATIONEN

- Im Team B erhält jeder einen Ball, der ständig geprellt werden soll (*Hand – Komplexität: II*)
- Auch Team A kann Punkte machen: Nach erfolgreichem Überqueren der Endlinie, muß ein Zielwurf oder -schuß (Korb, Brett, Wandmarke, Torwand usw.) ausgeführt werden. Treffer ergeben einen Punkt (*Hand, Fuß, Schläger – Komplexität: II*)

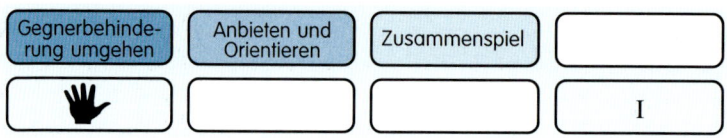

36

**Überzahl
nutzen**

Zwei Teams spielen gegeneinander. In einer Spielfeldhälfte ist A, in der
anderen Hälfte B im Überzahlverhältnis. Die Teams in Überzahl sind im
Ballbesitz. Auf ein Signal hin versuchen sie, sich den Ball so oft wie
möglich untereinander zuzuspielen. Jeder Paß, ohne Berührung oder
Abfangen, wird mit einem Punkt gezählt. Wenn ein verteidigendes Team
den Paß abfängt, wird der Spieldurchgang unterbrochen. Welches Team
kann innerhalb der Spielzeit die meisten Punkte für sich verbuchen?

- Nach jedem Spieldurchgang findet ein Durchwechseln innerhalb
  der Teams statt

HINWEISE

- Ballhalten unterbinden (z. B. nur zehn Sekunden oder kein Laufen
  mit dem Ball möglich)
- Körperloses Spiel ist Pflicht

- Auch andere Zuspielarten sind möglich *(Fuß – Komplexität: II)*
  (Schläger – Komplexität: III)

VARIATIONEN

37

Kaiserball

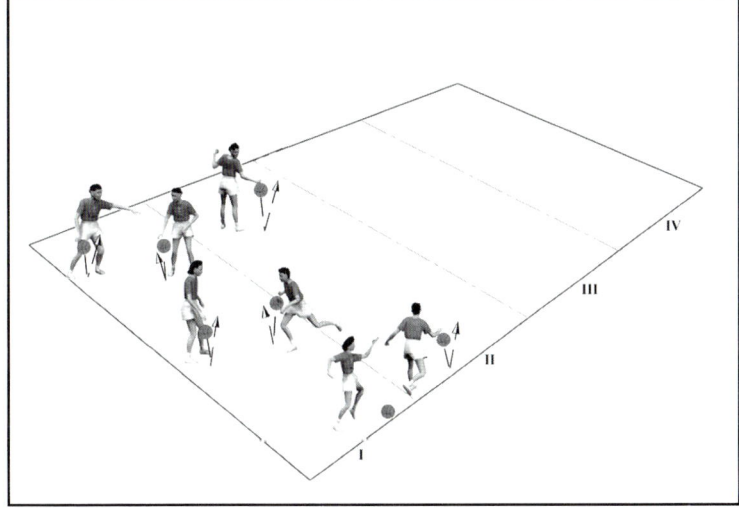

Ein Spielfeld wird in vier Zonen (I, II, III, IV) geteilt. Alle Spieler der beiden Teams prellen ihre Bälle in der Zone I und bemühen sich, den Ball eines gegnerischen Spielers mit der freien Hand ohne Körperkontakt und ohne Verlust des eigenen Balles herauszuspielen. Wem dies gelingt, dribbelt in der Zone II weiter. Das Spiel ist zu Ende, wenn ein Spieler eines Teams als erster in Zone IV dribbeln darf. Es kann auch auf Zeit gespielt werden. Im letzteren Fall wird die Teamwertung durch Multiplikation der jeweiligen Spieler mit der Zonenbezifferung erzielt.

HINWEISE

- Es wird mit Auf- und Abstieg gespielt, d. h. wenn z. B. einem Spieler in der Zone III der Ball weggeschnappt wird, muß er in Zone II weiterdribbeln
- Die Zonen können unterschiedlich groß sein

VARIATIONEN

- Auch andere Zuspielarten sind möglich *(Fuß – Komplexität: I)* *(Schläger – Komplexität: II)*

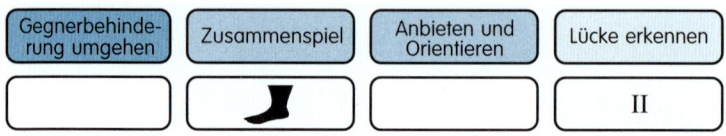

Gegnerbehinde-rung umgehen	Zusammenspiel	Anbieten und Orientieren	Lücke erkennen
			II

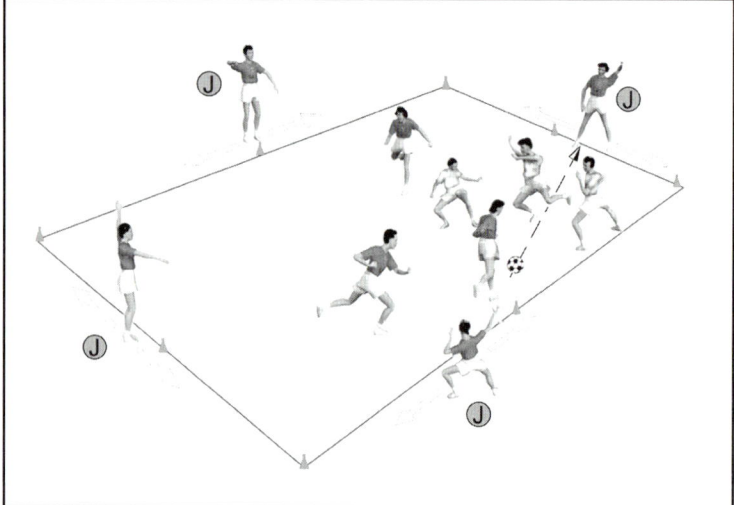

38

Jokerball

In einem abgesteckten Spielfeld (Pylonen usw.) spielen zwei Teams aus zwei bis vier Spielern gegeneinander. Auf den vier Spielfeldseiten steht jeweils ein neutraler Joker. Das im Ballbesitz befindliche Team versucht, gegen das engdeckende Team den Ball solange wie möglich zu sichern. Dabei darf nur direkt gespielt werden, wobei die Joker einbezogen werden können. Bei zehn Kontakten ohne Ballberührung des Gegners gibt es einen „Big-Point", wobei die Kontakte der Joker nicht mitgerechnet werden.

HINWEISE

- Joker dürfen den Ball nicht zu lange halten
- Rückpaßregel: Ein Rückspiel zum gleichen neutralen Joker ist verboten
- Das verteidigende Team soll mögliche Paßwege erahnen und schließen

VARIATIONEN

- Ein Rückspiel zum Mitspieler, der den Paß gegeben hat, ist nicht erlaubt *(Fuß – Komplexität: III)*
- Zuspielarten wechseln *(Hand – Komplexität: I) (Schläger – Komplexität: III)*

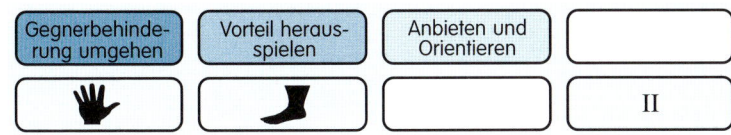

Gegnerbehinde-rung umgehen	Vorteil heraus-spielen	Anbieten und Orientieren	
✋	🧦		II

39

**Hand – Fuß –
Ballspiel**

Zwei Teams zu je vier bis sechs Spielern spielen mit folgenden Regeln auf zwei abgesteckte Tore (ohne Torhüter): Der Ball kann mit der Hand gestoppt werden. Solange die Hand am Ball ist, darf der Spieler nicht von einem Verteidiger bedrängt werden. Im Gegenteil, denn mit der freien Hand kann der Verteidiger abgeschlagen werden, was einem Torpunkt entspricht. Der Ball muß mit den Füßen weitergespielt werden, wenn ein Abspiel oder Torschuß erfolgen soll. Ein regelgerechtes Tor wird mit zwei Punkten gewertet.

HINWEISE

- Es bietet sich ein Torraum an, der von keinem Spieler betreten werden darf, um das Tor nicht mit Spielern „dicht" zu machen
- Eine Fortbewegung mit der Hand an dem Ball ist nicht erlaubt

VARIATIONEN

- Tore so aufstellen, daß von beiden Seiten geschossen werden kann *(Hand, Fuß – Komplexität: II)*
- Mit Schlägern spielen. Wenn der Fuß den Ball kontrolliert, kann mit der freien Hand der Gegenspieler abgeschlagen werden *(Schlä-ger – Komplexität: III)*

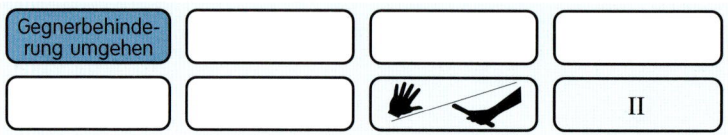

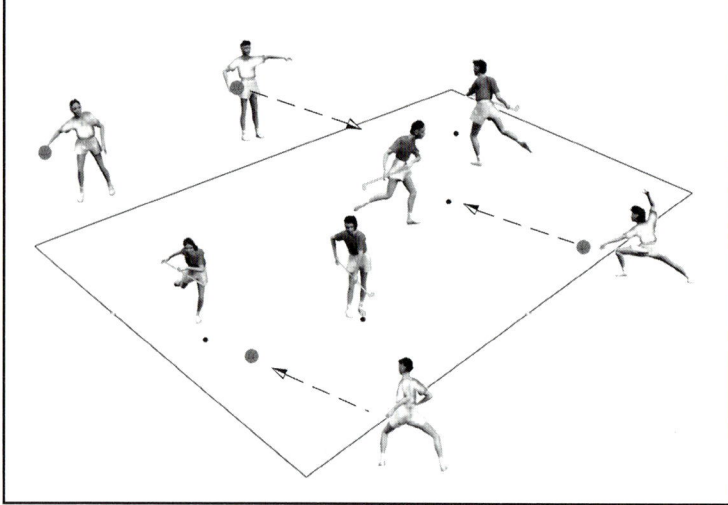

40

Hindernisball

In einem Spielfeld führen die Spieler des Teams A (Innenspieler) ihren Ball am Schläger frei umher. Die Spieler des Teams B (Außenspieler) stehen an den Seitenlinien und rollen mit der Hand Bälle mit der Absicht ins Spielfeld, daß die Innenspieler oder deren Bälle getroffen werden. Die Innenspieler bemühen sich, durch rechtzeitiges Stoppen und mit einem geschickten Ballführen den Bällen auszuweichen. Mit den Füßen darf kein Ball von Außen abgewehrt werden. Nach einer bestimmten Zeitspanne erfolgt der Rollentausch.

HINWEISE

- Die Anzahl und Art der Bälle von den Außenspielern sowie die Größe des Spielfeldes muß sich nach dem Könnensstand der Gruppe richten
- Jeder Spieler hat einen Ball

VARIATIONEN

- Die Innenspieler dribbeln von Grundlinie zu Grundlinie, die Außenspieler werden zu Innenspielern und stehen versetzt in Gymnastikreifen, die sie nicht verlassen dürfen. Von dort versuchen sie mit einem Schläger in der Hand, den Innenspielern die Bälle wegzuschnappen *(Schläger – Komplexität: I)*
- Spielart wechseln *(Hand, Fuß – Komplexität: I)*

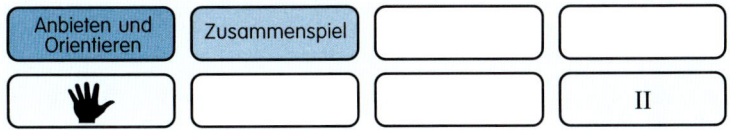

Anbieten und Orientieren	Zusammenspiel		
✋			II

41

Katzenball

Jedes Team hat ein eigenes Spielfeld und entsendet von Durchgang zu Durchgang einen Mitspieler (Katze) ins gegnerische Feld. Auf ein Zeichen, versucht die Katze einen der Gegenspieler zu berühren, die sich untereinander mehrere Bälle zuspielen. Wer einen Ball hat, kann allerdings nicht berührt werden. Entweder werden die jeweiligen Katzen nach 30 Sekunden oder nach drei korrekten Berührungen ausgetauscht. Durch Aufaddierung ist eine Teamwertung möglich.

HINWEISE

- Die Anzahl der Bälle richtet sich u. a. nach der Spielfeld- und Teamgröße
- Sehr hohe Anforderungen an die Wahrnehmung
- Handsignal geben und Blickkontakt herstellen, wenn ein Zuwurf gewünscht wird
- Am Anfang Softbälle einsetzen

VARIATIONEN

- Zuspielarten: einhändig, indirekt *(Hand – Komplexität: II)*
- Katze muß fortwährend einen Ball prellen *(Hand – Komplexität: II)*
- Mit dem Fuß *(Fuß – Komplexität: III)*

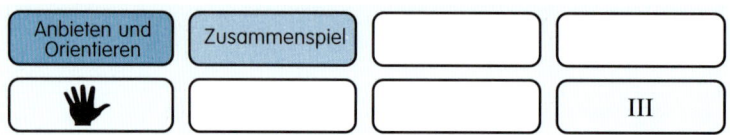

Anbieten und Orientieren	Zusammenspiel		
✋			III

42

Kontaktball

Zwei Teams spielen gegeneinander auf einem abgesteckten Spielfeld und bemühen sich um den Ballbesitz. Jedes Team wirft sich den Ball zu, das andere versucht, das zu unterbinden. Um einen Punkt zu erzielen, muß ein Spieler einem Mitspieler den Ball so zupassen, daß dieser den Ball kurzkontaktig (Kopf, Fuß, Hand, Faust) hochspielt und wiederum ein dritter Mitspieler diesen Kurzkontaktball fangen kann.

- Schrittregel vereinbaren
- Auf Fairneß (Körperlosigkeit) insbesondere beim Kurzkontakt achten, da dieser häufig in der Luft erfolgt
- Durch Signale und Zurufe sich gegenseitig helfen

HINWEISE

- Es werden pro Team zwei Pylonen ausgegeben. Die Spieler, die diese Pylonen mit der Öffnung nach oben halten, sollen den dritten Ballkontakt über Kopfhöhe „fangen" *(Hand – Komplexität: III)*
- Mit dem Fuß spielen *(Fuß – Komplexität: III)*

VARIATIONEN

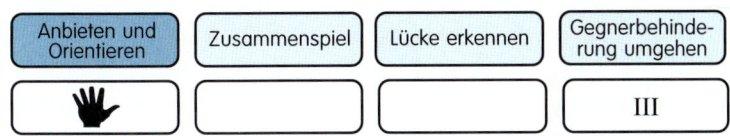

43

Spionball

Das Spielfeld wird in drei Zonen aufgeteilt. Die beiden Teams stehen in den Außenzonen und entsenden ein bis zwei Spione in das gegnerische Feld. Die Spione versuchen, die Zuspiele der Mitspieler zu fangen und die Bälle wieder zurückzuspielen. Gelingt dies, darf der Mitspieler zu seinen Spionen wechseln. Welches Team ist als erstes zu den Spionen gewechselt?

HINWEISE

- Neutrale Spielfeldgröße der Teilnehmerzahl anpassen
- Jedes Team erhält zu Beginn einen Ball
- Auf körperloses Spiel bei hohen Zuspielen achten
- Neutrale Zone darf nicht betreten werden
- Zur Erleichterung für die Spione: Die Spieler dürfen die Bälle nur mit einer Hand fangen
- Ballverlust bei Würfen in die neutrale Zone oder ins Aus

VARIATIONEN

- Über die Zonenbegrenzungslinien werden Zauberschnüre gehängt oder ein Volleyballnetz gespannt, wobei auf die neutrale Zone verzichtet werden kann *(Hand – Komplexität: III)*

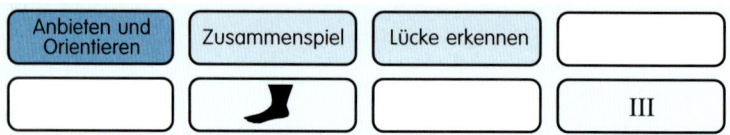

Anbieten und Orientieren	Zusammenspiel	Lücke erkennen	
			III

44

Anspielball

Auf einem Spielfeld werden vor den Grundlinien einige Meter breite Anspielzonen abgesteckt. Zwei Teams werden gebildet und jedes Team bemüht sich um den Ballbesitz. Das ballführende Team hat die Aufgabe, einem Mitspieler den Ball so zuzuspielen, daß er den Ball in der gegnerischen Anspielzone berühren kann. Hierbei darf jedoch die jeweils eigene (abzuwehrende) Anspielzone nicht betreten werden. Zusätzlich ist zu beachten, daß ein Punkt nur vergeben wird, wenn zunächst der Paß erfolgt und dann erst der Mitspieler in die Anspielzone startet.

• Deckungsverhalten und Absprachen im verteidigenden Team sind notwendig

HINWEISE

• Auch mit Werfen und Fangen oder mit Schlägern möglich *(Hand, Schläger – Komplexität: III)*

VARIATIONEN

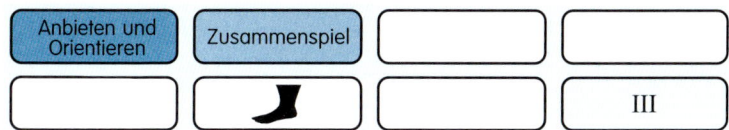

45

Luftball

Zwei oder mehr Teams spielen gegeneinander und haben jeweils ein eigenes Spielfeld. Auf ein Zeichen hin spielen die Teams den Spielball hoch und halten diesen kurzkontaktig durch Jonglieren solange in der Luft wie möglich. Fehler sind: Ball-Bodenkontakt und wenn der Ball außerhalb des Spielfeldes gespielt wird. Welches Team hält den Ball am längsten in der Luft?

HINWEISE

- Je nach Größe der Gesamtgruppe beliebig viele Teams (mindestens drei Spielende pro Team) bilden
- Um das Ballgefühl zu fördern, sollte zunächst jede kurzkontaktige Spieltechnik mit Fuß, Arm, Hand, Faust, Kopf erlaubt sein

VARIATIONEN

- Ein oder zwei Bodenkontakte sind pro Spieldurchgang erlaubt; auch zwei oder drei Kontakte von einem Spielenden hintereinander sind zulässig *(Fuß – Komplexität: I)*
- Jeder Spielende pro Team erhält eine Nummer. Der Spielball muß in der aufsteigenden Numerierung gespielt werden *(Fuß – Komplexität: III)*

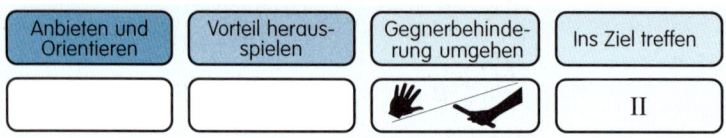

Anbieten und Orientieren	Vorteil heraus-spielen	Gegnerbehinde-rung umgehen	Ins Ziel treffen
			II

46

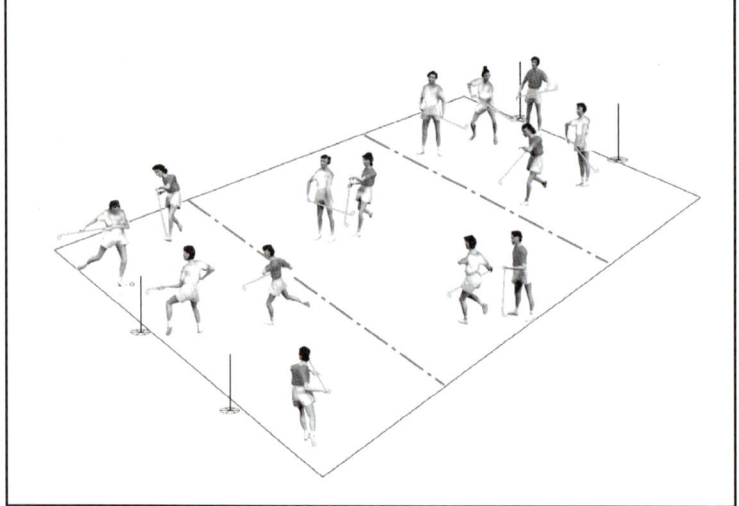

Zonenball

Das Spielfeld wird in drei Zonen aufgeteilt. Die beiden äußeren erhalten jeweils ein Tor. Aus Sicht eines Teams gibt es eine Angriffs-, Mittel- und Verteidigungszone. In der Angriffszone ist ein Team in Überzahl, in der Mittelzone in Gleichzahl und in der Verteidigungszone besteht ein Unterzahlverhältnis. Die Spieler dürfen ihre zugewiesenen Zonen nicht verlassen. Das Spiel wird nach Losentscheid von einem Tor eröffnet. Der Ball muß von Zone zu Zone gespielt werden.

- Die Zonen und die Tore lassen sich variabel durch Pylonen abgrenzen

HINWEISE

- Sofern es in der Verteidigungszone nicht gelingen sollte, den Ball in die Mittelzone vorzuspielen, wird eine Sonderregel eingeführt: In Unterzahl kann der Ball ungehindert in die nächste Zone gespielt werden

- Die Spielidee läßt sich auch mit den Händen oder Füßen verwirklichen *(Hand, Fuß – Komplexität: II)*

VARIATIONEN

Fähigkeitsorientierte Ballschule

Einführung

Zeichenlegende und Darstellungsform

Die Übungssammlung

Zeitdruckanforderungen
Präzisionsdruckanforderungen
Komplexitätsdruckanforderungen
Organisationsdruckanforderungen
Variabilitätsdruckanforderungen
Belastungsdruckanforderungen

Kapitel
3

Einführung

Im Kapitel 1 wurde die methodische Grundformel für die fähigkeitsorientierte Ballschule herausgearbeitet und theoretisch begründet. Sie
lautet: „Einfache Ballfertigkeiten + Vielfalt + Druckbedingungen". Was   ***Koordinations-***
hat man sich – aus praktischer Sicht – unter diesen drei Summanden   ***schulung***
genauer vorzustellen?

Der Begriff „einfach" ist – wie fast immer – relativ zu sehen, denn „Ein-
fachheit ist das Resultat der (individuellen) Reife" (Friedrich von Schil-   ***... Elementare***
ler, 1759-1805). Ganz allgemein kann eigentlich nur gesagt werden, daß   ***Ballfertigkeiten***
in die Koordinationsschulung all jene *Ballfertigkeiten* einzubinden sind,
die von den Übenden bereits sicher beherrscht werden. Das ist logisch,
denn: nicht stabil verfügbare Fertigkeiten würden bei vielfältigen Zu-
satzanforderungen und Druckbedingungen wohl häufig mißlingen. In
der nachfolgenden Übungssammlung werden die in Abbildung 9 aufge-
listeten Ballfertigkeiten herangezogen. Also Vorsicht: Die Vorschläge   ***! Vorsicht !***
eignen sich nur, wenn die elementaren Fertigkeitsvoraussetzungen geschaffen sind. Andererseits ist es bei Fortgeschrittenen problemlos möglich, auch weitergehende Sportspieltechniken in das Koordi-
nationsprogramm zu integrieren.

Mit „Vielfalt der Informationsverarbeitungsanforderungen" ist zunächst   ***... + Vielfalt der***
gemeint, daß zwischen ganzkörperlichen Koordinationsaufgaben und   ***Anforderungen an***
eher kleinmotorischen Übungsformen mit Ball gewechselt wird (efferente   ***die Informations-***
Seite). Selbstverständlich dominieren – dem Charakter der Sportspiele   ***verarbeitung***
entsprechend – die großmotorischen Aufgabenstellungen. Auf der
afferenten Seite ist die Verarbeitung visueller Signale von herausragen-
der Bedeutung (z. B. Auge-Hand-, Auge-Fuß-Koordination). Nicht zu-
letzt durch ihre Reduktion oder Ausschaltung sollten aber auch die anderen Sinnessysteme – vor allem der kinästhetische und taktile Analysator
– bei den Schulungen akzentuiert berücksichtigt werden. Damit ist das
angesprochen, was umgangssprachlich mit Ballgefühl oder Schläger-
gefühl und wissenschaftlich mit Begriffen wie Kinästhesie oder Differen-
zierungsfähigkeit umschrieben wird.

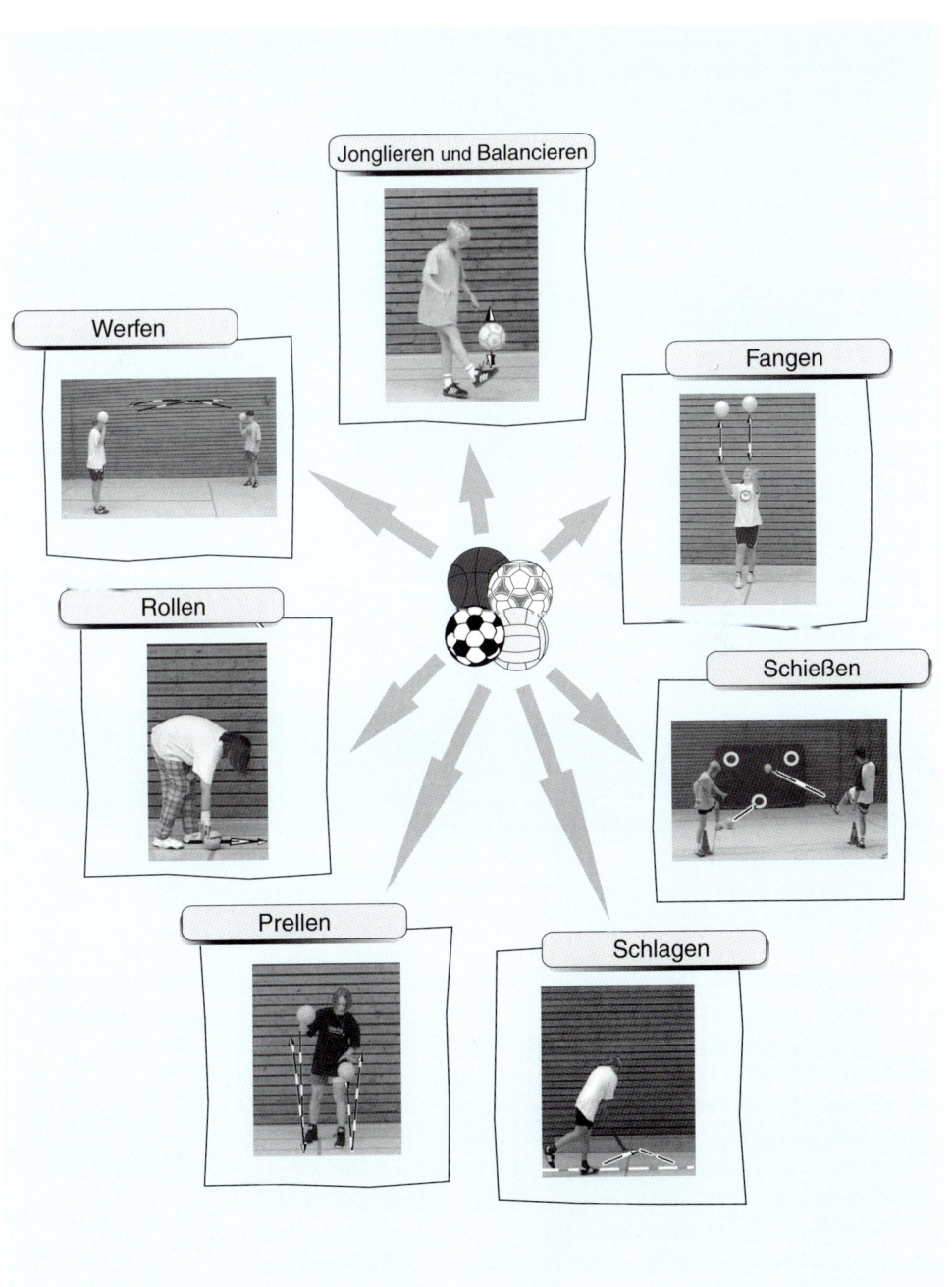

Abb. 9: Elementare Ballfertigkeiten

Die typischen *Druckbedingungen*, die im Sportspiel vorkommen und deshalb in das Ballkoordinationstraining aufzunehmen sind, lassen sich wie folgt definieren:

... + Druckbedingungen

Zeitdruck	= Koordinative Aufgabenstellungen, bei denen es auf Zeitminimierung/Geschwindigkeitsmaximierung ankommt	*Definition der Druckbedingungen*

Präzisionsdruck = Koordinative Aufgabenstellungen, bei denen es auf höchstmögliche Genauigkeit ankommt

Komplexitätsdruck = Koordinative Aufgabenstellungen, bei denen es auf eine Bewältigung vieler hintereinandergeschalteter (sukzessiver) Anforderungen ankommt

Organisationsdruck = Koordinative Aufgabenstellungen, bei denen es auf eine Bewältigung vieler gleichzeitiger (simultaner) Anforderungen ankommt

Variabilitätsdruck = Koordinative Aufgabenstellungen, bei denen es auf die Bewältigung von Anforderungen unter wechselnden Umgebungs- bzw. Situationsbedingungen ankommt

Belastungsdruck = Koordinative Aufgabenstellungen, bei denen es auf die Bewältigung von Anforderungen unter physisch-konditionellen Belastungsbedingungen ankommt

Die sechs Druckbedingungen werden als erstes Ordnungskriterium für die Übungsbeispiele verwendet. Eine fertigkeitsbezogene Gliederung eines fähigkeitsorientierten Trainings wäre ebenso wenig sinnvoll, wie eine Systematik nach den Informationsverarbeitungsanforderungen (die in der Regel hochinteraktiv und komplex sind!). Der Stellenwert der beiden Summanden ist gleichwohl bei der konkreten Gestaltung der Übungsformen im Auge zu behalten. Mit Ausnahme der Kategorie Belastungsdruck umfaßt die Übungssammlung jeweils zehn Beispiele für jede Hauptkategorie. Innerhalb dieser Gruppen kommen – wie im Kapitel 2 – die Reihungskriterien „Hand, Fuß, Schläger/Schlaghand" (zweites Ordnungskriterium) sowie „Komplexitätsniveau" (drittes Ordnungskriterium) zur Anwendung.

Drei Ordnungskriterien für die Übungen

Zu erwähnen ist, daß der Übungsstoff gezielt so ausgewählt wird, daß fast alle beschriebenen Koordinationsaufgaben organisatorisch abgewandelt werden können. Denkbare methodische Variationsformen sind u. a. Gruppenaufgaben (vgl. Abbildung 10) oder Ball-Koordinations-Bahnen (vgl. Abbildung 11).

Einsatzmöglich-keiten

Grundsätzlich gilt: Der Phantasie des Sportlehrers oder Übungsleiters werden kaum Grenzen gesetzt, und auch die Spontaneität und die Ideen der Kinder selbst sind zu nutzen. Die Übungen müssen abwechslungsreich sein und vor allem Freude bereiten. Sie können als Aufwärmprogramm bzw. Teil eines Aufwärmprogramms und als Hauptinhalte einer Schulsport- oder Trainingsstunde im Verein angeboten werden.

Aufstellungsform	Beispiel	
Kreis 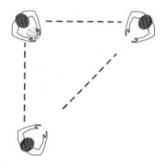		• Hochwerfen • Hände auf den Boden legen • Platztausch mit Nachbarn • Ball des Nachbarn auffangen
Linie	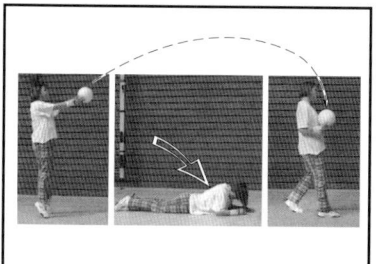	• Hochwerfen • In die Bauchlage fallen • Aufstehen • Ball fangen als La-O-La-Welle
Eckform	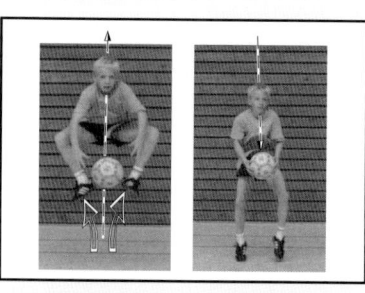	Im Uhrzeigersinn Bälle mit den Füssen „zupassen"
Reihe	 	• Passen gegen die Wand • Abpraller fängt der nächste in der Reihe als Umkehrstaffel

Abb. 10: Beispiele für die Erweiterung von Einzel- zu Gruppenaufgaben

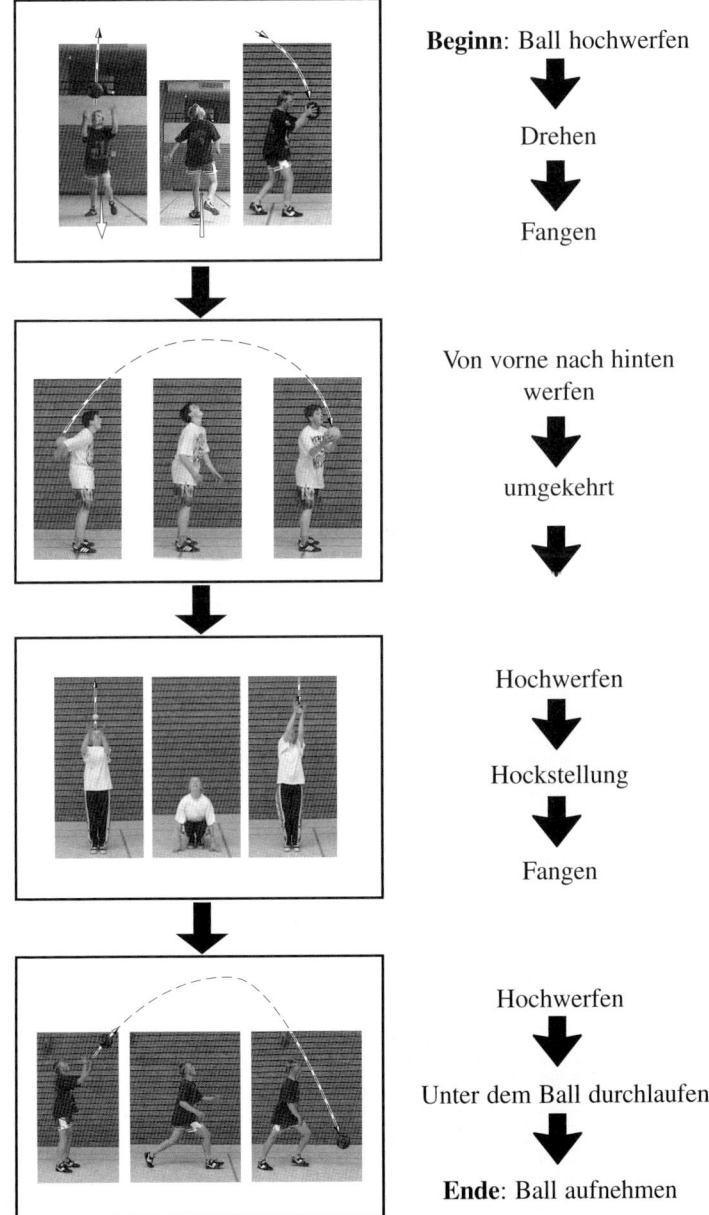

Beginn: Ball hochwerfen

Drehen

Fangen

Von vorne nach hinten
werfen

umgekehrt

Hochwerfen

Hockstellung

Fangen

Hochwerfen

Unter dem Ball durchlaufen

Ende: Ball aufnehmen

Abb. 11: Beispiel einer „Ball-Koordinations-Bahn"

Zeichenlegende und Darstellungsform

Die für die Beschreibung der Übungsformen benötigten Zeichen sind in der Abbildung 7 zusammengefaßt. Die Präsentation der Übungen erfolgt nach dem Muster von Abbildung 8 (vgl. Kapitel 2). In der Darstellungsweise der Aufgaben findet sich ganz oben eine blau unterlegte Kopfzeile. Analog zu ihrer Funktion bei der Spiele-Sammlung zeigt sie an, welche Druckbedingungen durch die Übungen vorgegeben werden. Die Farbintensitäten stehen für den Stellenwert der zugehörigen Anforderungsklassen. Die nächste Zeile enthält wiederum die Symbole für das zweite und dritte Ordnungskriterium.

Wegweiser für die Übungssammlung

Der Übungsablauf selbst wird durch Einzelbilder oder Bildfolgen illustriert und über einen möglichst kurzen Text charakterisiert. Am Ende stehen organisatorische Hinweise und Vorschläge für Variationen, die sich hinsichtlich der Kriterien „Hand, Fuß, Schläger/Schlaghand" und „Komplexitätsstufe" von der Grundform unterscheiden können. Dies wird durch entsprechende Klammerangaben deutlich gemacht.

Einen Ball einhändig mit nahezu ausgestrecktem Arm nur mit den Fingerspitzen und beweglichem Handgelenk schnell und häufig an die Wand spielen.

- Enger Abstand zur Wand erleichtert das Spielen des Balles mit einer hohen Frequenz
- Fördert ein geschmeidiges (nachgebendes) Fingergefühl
- Beidseitigkeit entwickeln

VARIATIONEN

- Beidhändiges Tippen (*Hand – Komplexität: I*)
- Seitliche Stellung zur Wand (*Hand – Komplexität: I*)
- Im Sitzen (*Hand – Komplexität: I*)
- Mit dem Ball „wandern" und Zahlen an die Wand schreiben (*Hand – Komplexität: III*)
- Verschiedene Kontaktflächen: Faust, Handteller, Handrücken (*Schlaghand – Komplexität: III*)

Zeitdruck	Präzisionsdruck	Komplexitäts-druck	Belastungsdruck
✋			II

2

Einen Ball möglichst schnell durch einen Hindernisparcours prellen. Hindernisse können z. B. sein: Turnbänke, Gymnastikreifen oder Slalomstangen.

HINWEISE

- Kann zu Staffeln (Belastungsdruck; vgl. S. 142-143) umgewandelt werden
- Zwei identische Anordnungen des Hindernislaufs ermöglichen einen Parallelstart
- Unterschiedliche Bälle provozieren unterschiedliche Krafteinsätze
- Beidseitiges Prellen fordern

VARIATIONEN

- Mit Bank und Kasten eine Wippe herstellen *(Hand – Komplexität: II)*
- Achterlaufen um zwei Reifen *(Hand – Komplexität: II)*
- Mit der freien Hand jeweils die Stange berühren *(Hand – Komplexität: II)*
- Auf einer umgedrehten Bank gehen und den Ball seitlich prellen *(Hand – Komplexität: III)*

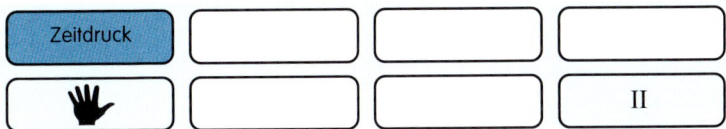

Zeitdruck			
✋			II

3

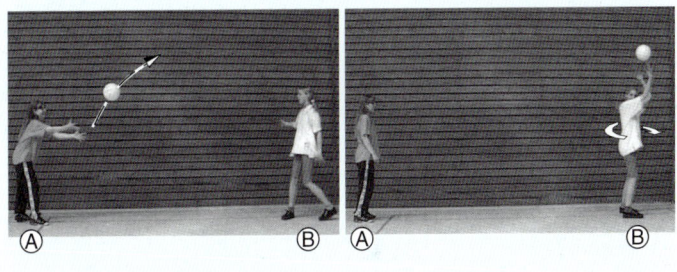

A und B stehen einige Meter auseinander und werfen sich den Ball zu. Währenddessen sind Aufgaben zu lösen (z. B. kurz nach dem hohen Zuwurf von A dreht sich B um und erwartet den anfliegenden Ball).

HINWEISE

- Die vorgegebenen Aufgaben verlangen z. T. unterschiedlich große „Übungsräume"
- Aufgabenstellungen können untereinander differenziert werden (z. B. Aufgaben für den Werfer nach dem Wurf <=> Aufgaben für den Fänger vor dem Fangen usw.)

VARIATIONEN

- Vor dem Fangen muß die vom Partner mit den Fingern angezeigte Zahl erkannt und gerufen werden *(Hand – Komplexität: II)*
- A wirft senkrecht den Ball hoch, umläuft B und fängt den Ball vor dem Bodenkontakt, danach ist B dran *(Hand – Komplexität: II)*
- Nach dem Wurf eine Drehung (links-rechts; 360°-Drehung, Drehsprung) *(Hand – Komplexität: II)*

Zeitdruck	Komplexitäts-druck	Organisations-druck	
🖐			III

4

Ⓐ   Ⓑ

A und B haben jeder einen Ball und stehen sich frontal gegenüber. B wirft seinen Ball flach zu A. Beim Heranfliegen des Balles wirft A seinen Ball senkrecht hoch, fängt den von B zugeworfenen Ball, wirft den Ball sofort zu B zurück und fängt danach den eigenen angeworfenen Ball.

HINWEISE

- Wechsel der Aufgabe auf Signal oder nach einer bestimmten Wiederholungszahl
- B sollte seinen Ball nicht zu früh hochwerfen
- Beide Bälle und der Spielpartner sollen beobachtet werden. Dies verlangt ein eher ganzheitliches und kein zentriertes Sehen, weil der Blickwinkel entsprechend groß ist
- Zur Vereinfachung können gleiche, aber unterschiedlich farbige Bälle benutzt werden

VARIATIONEN

- A wirft in unterschiedlichen Wurfarten zu (indirekt, Bogenwurf usw.) *(Hand – Komplexität: III)*
- B fängt den selbst angeworfenen Ball im Sprung *(Hand – Komplexität: III)*

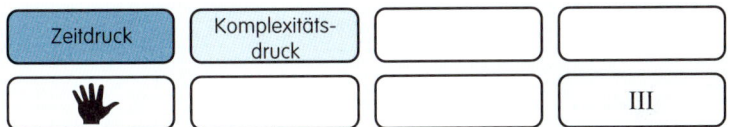

Zeitdruck	Komplexitäts-druck		
✋			III

5

A und B haben jeder einen Ball und stehen sich frontal gegenüber. Auf ein Signal hin werfen beide die Bälle senkrecht hoch, tauschen die Plätze und fangen jeweils den vom Partner hochgeworfenen Ball.

HINWEISE

- Signale verabreden (z. B. ein zweisilbiges Wort: Abwurf bei der zweiten Silbe)
- Für das Hochwerfen bestimmte Punkte an der Hallendecke anvisieren lassen

VARIATIONEN

- Zusatzaufgaben während des Platztausches (Händeklatsch mit Partner, Hände berühren kurz den Hallenboden usw.) *(Hand – Komplexität: III)*
- Veränderung der Ausgangsstellung: aus dem Sitzen usw. *(Hand – Komplexität: III)*

Zeitdruck	Organisations-druck		
✋			III

6

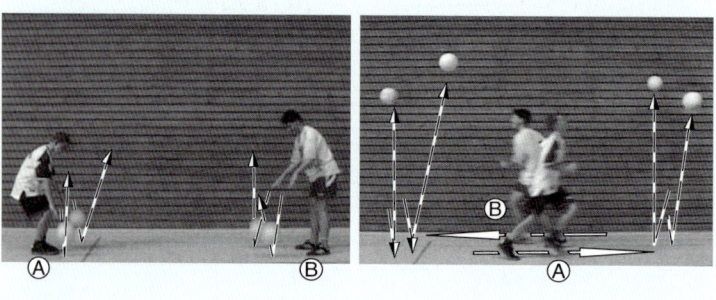

A und B stehen einander gegenüber. Jeder hat zwei Bälle, die im gleichen Rhythmus geprellt werden. A und B wechseln die Plätze und prellen die Bälle des Partners weiter.

HINWEISE

- Ein großer Abstand erschwert die Ausführung
- Zur Erleichterung kann ein Signalwort für den Wechsel benutzt werden; die Rhythmusvorgabe kann akustisch unterstützt werden
- Kräftiges Prellen ist notwendig, um den Platztausch zu ermöglichen
- Bälle mit guten Prelleigenschaften (Gymnastik-, Volley-, Basketbälle) sind anfänglich vorzuziehen, später können unterschiedliche Bälle eingesetzt werden

VARIATIONEN

- Wechselseitiges Prellen der Bälle *(Hand – Komplexität: III)*
- Wechselvorgabe nach der Anzahl der Prellkontakte *(Hand – Komplexität: III)*

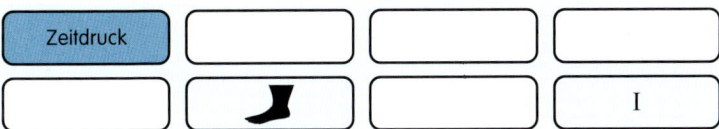

7

Eine Gruppe von Spielern dribbelt mit je einem Ball innerhalb eines abgegrenzten Spielfeldes beliebig durcheinander. Auf ein Signal des Leiters müssen die Spieler möglichst schnell den Ball mit der Sohle stoppen.

HINWEISE

- Das Signal kann durch Zuruf oder Handzeichen erfolgen
- Die Übung kann auch als Wettkampfform eingesetzt werden

VARIATIONEN

- Nach dem Stoppen müssen die Spieler den Ball liegenlassen, um die nächste Pylone herumlaufen und zum Ball zurücklaufen *(Fuß – Komplexität: I)*
- Varianten des Stoppens: Knie, Hinterteil usw. *(Fuß – Komplexität: I)*
- Hindernisse im Spielraum aufstellen *(Fuß – Komplexität: I)*

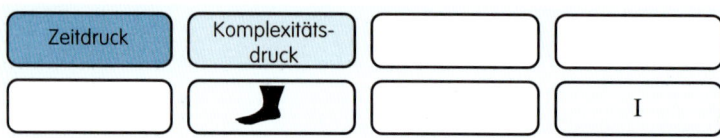

8

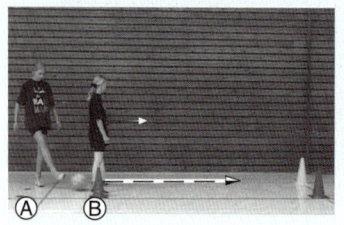
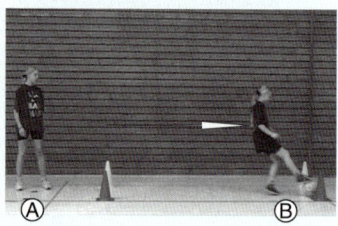

A steht mit dem Ball hinter B, der eine Tunnelstellung einnimmt. A schießt den Ball durch die gegrätschten Beine von B. B sprintet dem Ball hinterher und versucht, ihn vor einer Markierung zu stoppen.

HINWEISE

- In Längsausrichtung der Halle oder im Freien können die Abstände weiträumiger erfolgen
- In einer Partnerübung läuft A nach, dann erfolgt Rollenwechsel oder wechselseitiges Üben in einer Dreiergruppe

VARIATIONEN

- Nach dem Stoppen den Ball in verschiedenen Dribbeltechniken zum Ausgangspunkt zurückspielen *(Fuß – Komplexität: I)*
- Varianten des Stoppens: Knie, Hinterteil oder den Ball überholen und mit der Stirn anhalten *(Fuß – Komplexität: I)*
- B läuft in unterschiedlichen Bewegungsarten dem Ball nach: rückwärts, einbeinig usw. *(Fuß – Komplexität: I)*

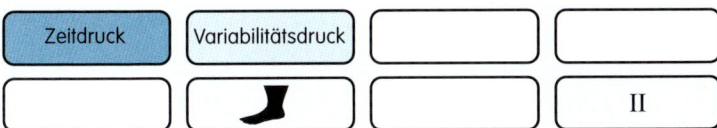

Zeitdruck	Variabilitätsdruck		
	🧦		II

9

In einem Spielfeld sind mehrere offene Tore (Pylonen) aufgestellt. Jeweils zwei Spieler passen sich den Ball in der Bewegung zu. Sie haben die Aufgabe, innerhalb einer bestimmten Zeit so viele Zuspiele wie möglich durch die offenen Tore zu erreichen. Nach jedem erfolgreichen Zuspiel muß das Tor gewechselt werden.

HINWEISE

- Die Größe des Spielfeldes, die Anzahl der Tore und der Spieler-paare sind dem Leistungsniveau anzupassen
- Das Zusammenspiel der Spieler untereinander ist erschwert, weil die Handlungsabsichten der anderen Spieler nicht exakt voraus-sehbar sind

VARIATIONEN

- Varianten des Zuspieles: Innenseite, Außenseite, Spann *(Fuß – Komplexität: II)*
- Vor dem Zuspiel wird der Ball mit den Händen aufgenommen, dem Partner zugeworfen und dieser köpft den Ball zurück *(Hand, Fuß, Kopf – Komplexität: III)*

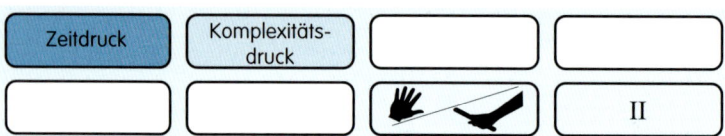

Zeitdruck	Komplexitäts-druck		
			II

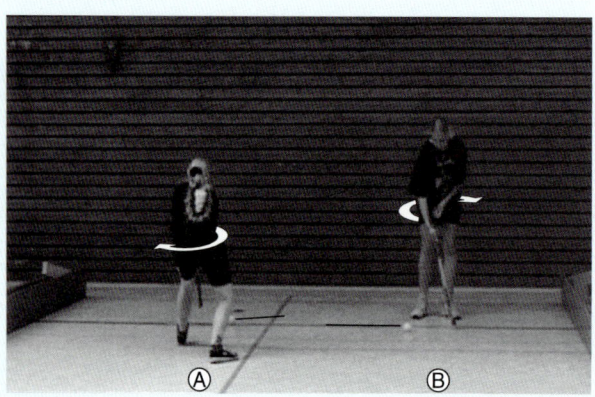

A und B stehen leicht versetzt zueinander. Jeder hat einen Ball. Auf ein verabredetes Signal hin spielen beide die Bälle an die umgekippte Turnbank, drehen sich um und versuchen, jeweils den Ball des Partners zu stoppen.

HINWEISE

- Die Ausgangsstellung der Spieler sowie der Abstand der Turnbänke zueinander erschweren oder erleichtern die Aufgabe

VARIATIONEN

- Mehrere indirekte Zuspiele kurz nacheinander *(Schläger – Komplexität: III)*
- Im Wechsel Vorhand- und Rückhandschieben sowie Vorhand- und Rückhandstoppen *(Schläger – Komplexität: III)*

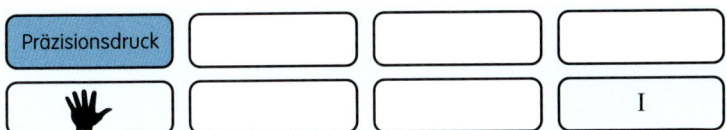

Präzisionsdruck			
🖐			I

11

Einen Ball hoch in die Luft werfen. Dann den auf den geschlossenen und angespannten Armen prellenden bzw. hüpfenden Ball ausbalancieren, bis dieser zur Ruhe kommt.

HINWEISE

- Nicht zu kleine oder zu schwere Bälle wählen
- Den Arm-Rumpf-Winkel möglichst nicht verändern

VARIATIONEN

- Anzahl der Prellkontakte festlegen *(Hand – Komplexität: I)*
- Den Ball nach vorn in den Raum werfen, nachlaufen und dann ausbalancieren *(Hand – Komplexität: II)*
- Nach dem Anwurf verschiedene Zusatzaufgaben stellen: in die Hocke gehen, Drehungen, Schuhplatteln usw. *(Hand – Komplexität: III)*

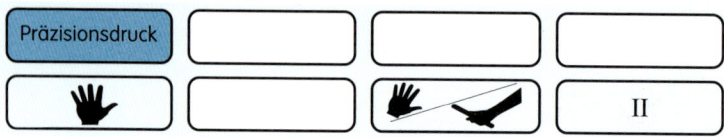

12

Einen Ball hochwerfen. Mit den Unterarmen jonglierend in der Luft halten.

HINWEISE

- Muskulatur anspannen (z. B. Faust bilden)
- Die Übung eignet sich für Wettbewerbe (Anzahl der Kontakte, Zeitdauer)
- Weiche Bälle einsetzen (Volleybälle mit geringerem Luftdruck oder Schaumstoffbälle)

VARIATIONEN

- Nach dem Anwurf verschiedene Zusatzaufgaben stellen: in die Hocke gehen, Drehungen, Schuhplatteln usw. *(Schlaghand – Komplexität: III)*
- Unterschiedliche Kontaktflächen verlangen: Oberseite, Unterseite, Handrücken, Faust, Handinnenfläche *(Schlaghand – Komplexität: III)*
- Verschiedene Prellhöhen *(Schlaghand – Komplexität: III)*
- Wand mit einbeziehen *(Schlaghand – Komplexität: III)*

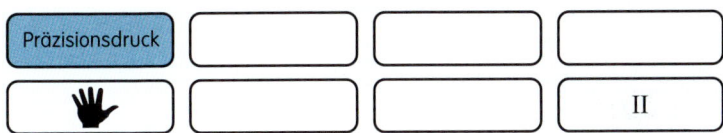

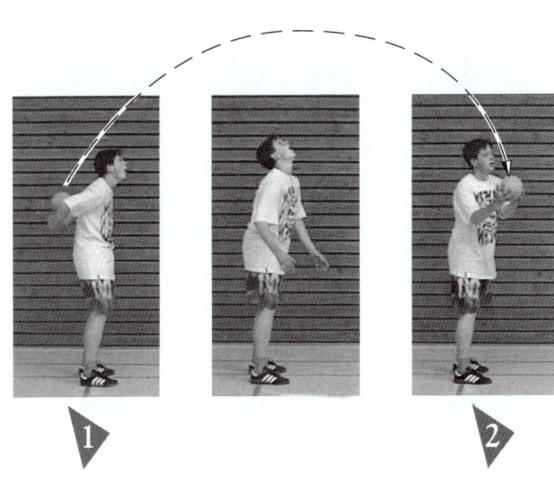

13

 Einen Ball mit beiden Händen hinter dem Rücken halten und über den Kopf nach vorne werfen

 Ball vor dem Körper fangen

HINWEISE
- Aktiver Handgelenkeinsatz beim Abwurf
- Nicht zu schwere Bälle benutzen

VARIATIONEN

zu
- Umgekehrte Reihenfolge: von vorne nach hinten werfen *(Hand – Komplexität: II)*
- Einhändig über eine Schulter werfen *(Hand – Komplexität: III)*

zu
- Bälle mit überkreuzten Händen fangen *(Hand – Komplexität: III)*
- Vor dem Fangen Aufgaben lösen: in die Hände vor, hinter dem Körper klatschen, Hände berühren den Boden usw. *(Hand – Komplexität: III)*

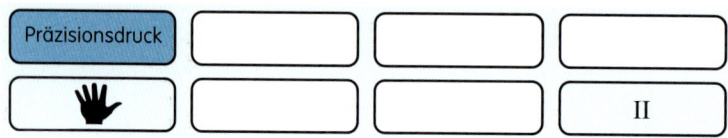

14

 Auf einer Turnbank stehend einen Ball gegen eine Wand werfen

② Den Ball im Stand auf der Turnbank fangen

HINWEISE

- Stellung der Bank zur Wand beachten
- Aufgabenstellungen verlangen bereits ein hohes Maß an Präzision für den Krafteinsatz sowie an Gleichgewichtsfähigkeit
- Ein Beginn mit kleinen Bällen und kleinem Abstand ist ratsam

VARIATIONEN

zu ①
- Turnbänke schräg versetzt bis senkrecht zur Wand oder als Kippe aufstellen *(Hand – Komplexität: II)*
- Mehrere Turnbänke als Zickzack und zum Teil umgedreht *(Hand – Komplexität: III)*
zu ②
- Einhändig (links-rechts) *(Hand – Komplexität: III)*

Präzisionsdruck			
🖐			III

15

Einen kreisenden Ball auf einer Fingerkuppe jonglieren.

HINWEISE
- Die Übung eignet sich für Wettbewerbe (Anzahl der Kontakte, Zeitdauer)

VARIATIONEN
- Den Drehimpuls des Balles mit der anderen Hand erhöhen *(Hand – Komplexität: III)*
- Den kreisenden Ball vom Zeigefinger zum Mittelfinger „wandern" lassen *(Hand – Komplexität: III)*
- Verschiedene Körperteile einbeziehen: Handinnenfläche, Unterarme, Faust usw. *(Hand – Komplexität: III)*

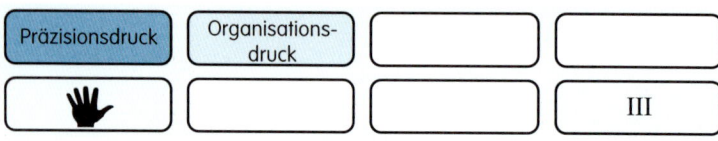

16

 Zwei Bälle gleichzeitig im Stand hochwerfen

 Beide Bälle mit den Händen auffangen

* Hoch-Tief-Bewegung mit den Beinen unterstützt das Hochwerfen und das Fangen

HINWEISE

zu

VARIATIONEN

* Bälle in der Luft zusammenstoßen lassen *(Hand – Komplexität: II)*
* Bälle überkreuz hochwerfen *(Hand – Komplexität: III)*
* Bälle nacheinander hochwerfen *(Hand – Komplexität: III)*
* Zwei kleine Bälle mit einer Hand hochwerfen *(Hand – Komplexität: III)*

zu

* Bälle mit überkreuzten Händen fangen *(Hand – Komplexität: III)*

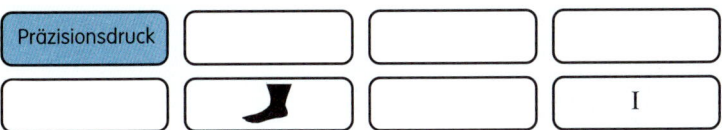

17

Zwei Spieler haben einen Ball und passen sich mit der Innenseite durch ein kleines Zieltor zu. Das Zuspiel wird gestoppt, bevor der Rückpaß erfolgt.

HINWEISE	• Abstand der Spieler sowie die Größe des Zieltores dem Leistungsniveau anpassen

VARIATIONEN	• Verschiedene Stopparten: Sohle, Innenseite, Außenseite, Knie usw. *(Fuß – Komplexität: II)*

- Verschiedene Zuspielarten: Außenseite, 180°-Drehung Ferse, Spann *(Fuß – Komplexität: II)*

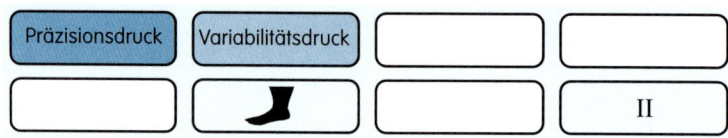

Präzisionsdruck	Variabilitätsdruck		
	🧦		II

18

 Einen Ball hochwerfen

 Den Ball mit dem Fuß jonglierend in der Luft hochhalten

- Beidseitigkeit frühzeitig berücksichtigen
- Die Übung eignet sich für Wettbewerbe

HINWEISE

zu
- Ball nach dem Anwurf einmal prellen lassen *(Fuß – Komplexität: II)*
- Ball rückwärts anwerfen, 180°-Drehung und zum Ball orientieren *(Fuß – Komplexität: III)*

VARIATIONEN

zu
- Verschiedene Fußteile: Innenseite, Außenseite, Ferse *(Fuß – Komplexität: II)*
- Oberschenkel einbeziehen *(Fuß – Komplexität: III)*
- Ball zwischendurch auf den Boden prellen lassen *(Fuß – Komplexität: III)*

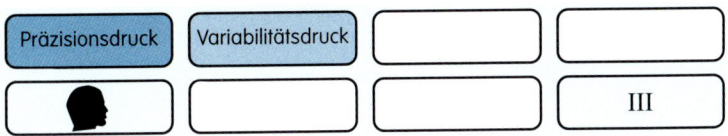

Präzisionsdruck | Variabilitätsdruck | | |
| III

19

 Einen Ball hochwerfen

 Den Ball mit dem Kopf jonglierend in der Luft hochhalten

HINWEISE

- Zunächst weiche Bälle verwenden (z. B. Luftballons)
- Abstand der Spieler untereinander beachten

VARIATIONEN

zu

- Im Sitzen hochwerfen und schnell aufstehen *(Kopf – Komplexität: III)*
- Weit nach vorne oder nach hinten werfen, danach zum Ball orientieren *(Kopf – Komplexität: III)*

zu

- Vor dem Kopfkontakt berühren die Hände den Boden (aktive Körperstreckung zum Ball) *(Kopf – Komplexität: III)*
- Kopfball gegen eine Wand oder zum Partner *(Kopf – Komplexität: III)*

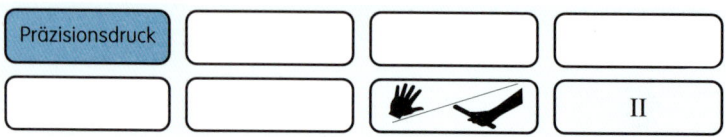

Präzisionsdruck

II

20

A und B haben einen Ball, stehen nebeneinander frontal vor einer umgekippten Turnbank und passen sich den Ball indirekt über die Turnbank
so zu, daß der jeweilige Partner den zugepaßten Ball ohne Ortsverän-
derung stoppen kann.

• Zunächst eher langsame Bewegungsfolgen, später die Bälle im
  „Fluß" spielen lassen

HINWEISE

• Zwei Bälle *(Schläger – Komplexität: III)*

VARIATIONEN

• Vor dem Stoppen sind Zusatzaufgaben zu lösen: 180°-Drehung
  usw. *(Schläger – Komplexität: III)*
• Zuspiel- und Stoppvarianten: Vor- und Rückhand *(Schläger –
  Komplexität: III)*
• Zuspiel mit dem Fuß *(Fuß – Komplexität: II)*

| Komplexitäts-druck | | | |

| ✋ | | | I |

21

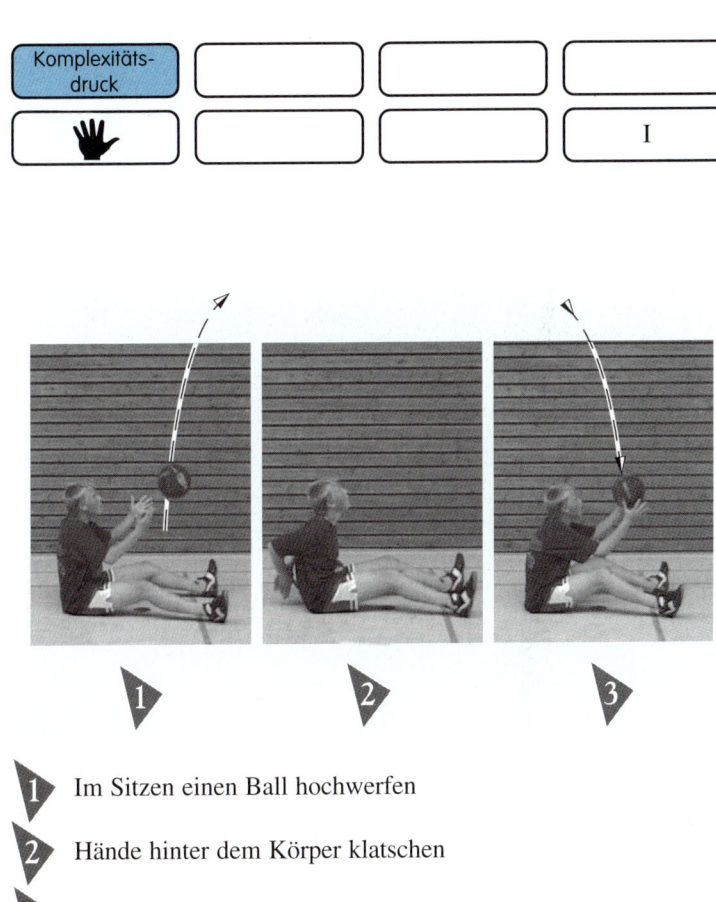

1 Im Sitzen einen Ball hochwerfen

2 Hände hinter dem Körper klatschen

3 Den Ball im Sitzen fangen

HINWEISE
- Zu Beginn nicht zu hoch werfen

VARIATIONEN

zu **1**
- Verschiedene Ausgangsstellungen: Kniestand, Fersensitz usw. *(Hand – Komplexität: I)*

zu **2**
- Händeklatsch über dem Kopf *(Hand – Komplexität: I)*
- Hände-Bodenklatsch *(Hand – Komplexität: I)*
- Rückenlage und aufrichten *(Hand – Komplexität: I)*

zu **3**
- Einhändig, über dem Kopf, Beine anheben und den Ball unterhalb der Beine fangen *(Hand – Komplexität: II)*

Komplexitäts-druck	Organisations-druck		
✋			II

22

 Auf einer Turnbank stehend einen Ball rückwärts nach hinten-oben werfen

 Auf der Turnbank eine 180°-Drehung machen

 Den Ball vor dem ersten Bodenkontakt im Sprung auffangen

- Wenn mehrere Spielende sich an einer Bank befinden, auf Signal nacheinander die Aufgabe versuchen lassen

  zu ❶
- Aus dem Sitzen Ball hochwerfen *(Hand – Komplexität: III)*

  zu ❷
- Nach vorn-oben werfen und 360°-Drehung vor dem Absprung *(Hand – Komplexität: II)*
- Aus der Hocke abspringen (Hände haben Kontakt mit der Bank) *(Hand – Komplexität: II)*

  zu ❸
- Während des Sprunges in die Hände klatschen *(Hand – Komplexität: III)*
- Kleine Bälle mit einer Hand fangen *(Hand – Komplexität: III)*

HINWEISE

VARIATIONEN

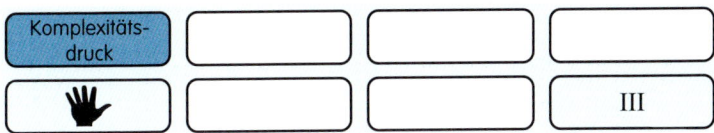

23

1 Einen Ball beidhändig aus der Überkopf-Position kräftig auf den Boden werfen

2 Lösen verschiedener Aufgaben und zum Ball orientieren (z. B. 360°-Drehung)

3 Den Ball kontrolliert im Stand auffangen

HINWEISE

- Hallenlinien zur Begrenzung der Prellwürfe heranziehen
- Die Aufgabenstellung läßt sich gut in eine Ballprobe eingliedern
- Ball trotz Zusatzaufgaben möglichst immer „im Visier behalten"
- Keine zu schweren Bälle verwenden (zu starke Beanspruchung der Hohlkreuzhaltung)

VARIATIONEN

zu
- Aus dem Sprung oder einhändig *(Hand – Komplexität: III)*

zu
- Je nach Ball: mehrmaliges Aufprellen *(Hand – Komplexität: II)*
- Ball umlaufen *(Hand – Komplexität: III)*

zu
- Im Sitzen, im Gleiten, im Springen, in der Hocke *(Hand – Komplexität: III)*

Komplexitäts-druck	Präzisionsdruck		
🖐			III

24

 Einen Ball durch die gegrätschten Beine nach hinten über einen „Graben" werfen

 180°-Drehung, über den Graben springen bzw. hüpfen

 Den Ball im Stand fangen

- Abstand der Übenden zueinander beachten (je nach Gruppengröße, Linie oder Kreis)
- Anstelle des Gymnastikreifens können Linien benutzt werden

HINWEISE

zu **1**
- Den Ball über sich selbst in Blickrichtung werfen *(Hand – Komplexität: III)*

zu **2**
- Nach 180°-Drehung Hock-/Hampelmannsprung *(Hand – Komplexität: III)*

zu **3**
- Ball im Sprung fangen *(Hand – Komplexität: III)*

VARIATIONEN

25

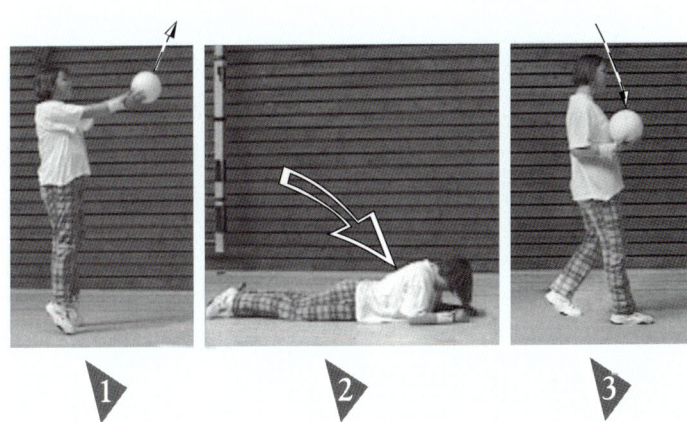

1 Einen Ball hoch nach vorn in den Raum werfen

2 Ball auf den Boden prellen lassen und eine Zusatzaufgabe lösen (z. B. kurz in die Bauchlage wechseln)

3 Den Ball im sicheren Stand auffangen

HINWEISE

- Gut geeignet für eine Ballprobe (vgl. S. 146)
- Orientierung (peripheres Sehen) kann je nach Gruppengröße im Verhältnis zum Spielraum besonders akzentuiert werden

VARIATIONEN

zu
- Rückwärts werfen, drehen und orientieren *(Hand – Komplexität: III)*
- Aus dem Sitzen, aus der Hocke, aus dem Sprung *(Hand – Komplexität: III)*

zu
- Zur Erleichterung und je nach Ball: mehrmaliges Aufprellen *(Hand – Komplexität: III)*

zu
- Im Sitzen, im Gleiten, im Sprung, in der Hocke *(Hand – Komplexität: III)*

Komplexitäts-druck

✋

III

26

Einen Ball beidhändig aus der Überkopf-Position als Aufsetzer gegen eine Wand werfen

Zum Ball orientieren und eine Zusatzaufgabe lösen (z. B. Anfersen)

Den Ball kontrolliert, nicht in der Bewegung auffangen

- Als Ballprobe einsetzbar (vgl. S. 146)
- Akzent auf die Bewegungsschnelligkeit legen
- Ball ständig im Blick haben
  zu
- Je nach Ballwahl auch einhändig *(Hand – Komplexität: III)*
  zu
- Aufsetzer auch nach Wandberührung zulassen *(Hand – Komplexität: III)*
- Einfacher Händeklatsch bis Schuhplatteln *(Hand – Komplexität: III)*
- 180°-360°-Drehung *(Hand – Komplexität: III)*
  zu
- Mit Unterarmen ausbalancieren *(Hand – Komplexität: III)*

HINWEISE

VARIATIONEN

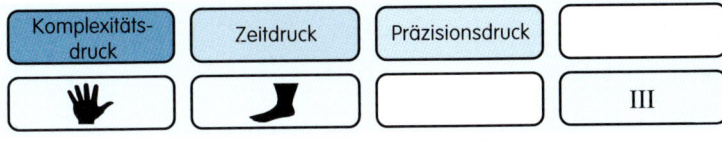

27

1 Einen Ball beidhändig aus der Überkopf-Position als Aufsetzer gegen eine Wand werfen

2 Zum Ball orientieren und den Ball kurzkontaktig mit einem Körperteil an die Wand zurückspielen (z. B. mit dem Fuß)

3 Den Ball sicher beidhändig auffangen

HINWEISE
- Als Ballprobe einsetzbar (vgl. S. 146)
- Im Stationsbetrieb geeignet
- Abstand zur Wand beachten

VARIATIONEN
zu
- Im Sprung, aus dem Sitzen *(Hand, Fuß – Komplexität: III)*
zu
- Ball-Auge-Hand-Koordination: Unterarme, Faust, Hand, Kopf *(Hand, Kopf, Schlaghand – Komplexität: III)*
zu
- Verschiedene Fangpositionen: im Sitzen, im Springen, in der Hokke, hinter dem Rücken usw. *(Hand, Fuß – Komplexität: III)*

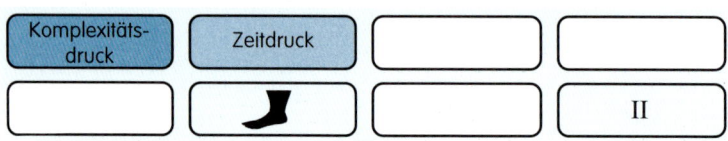

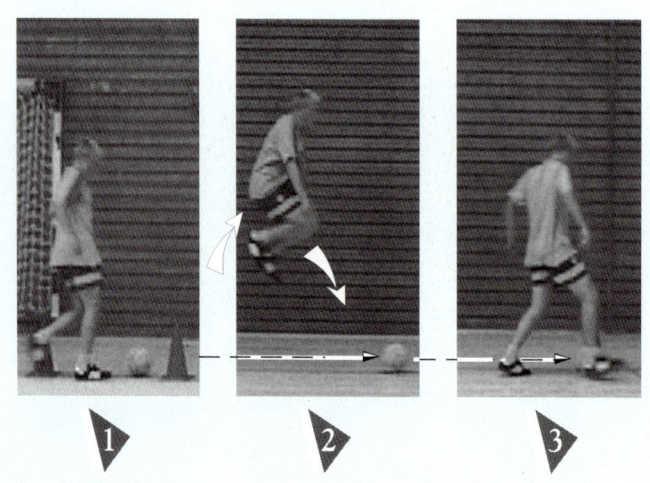

28

 Einen Ball mit den Füßen um Pylonen führen

 Den Ball nach vorn passen und eine Zusatzaufgabe lösen (z. B. Hocksprung)

 Den Ball vor einer Zielmarkierung stoppen

- Den Spielenden genügend großen Spielraum zur Verfügung stellen

HINWEISE

VARIATIONEN

zu ❶
- Den Ball mit dem Kopf vorlegen, annehmen, dann um die Pylonen dribbeln usw. *(Fuß, Kopf – Komplexität: III)*
  zu ❷
- Ball nach vorn werfen und mit dem Kopf weich annehmen *(Hand, Kopf – Komplexität: III)*
  zu ❸
- Den Ball mit unterschiedlichen Körperteilen stoppen: Sohle, Knie, Hinterteil *(Fuß – Komplexität: III)*

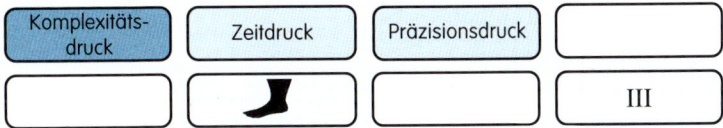

29

A und B haben jeder einen Ball, stehen leicht versetzt frontal gegenüber und passen sich die Bälle unter Beachtung von Zusatzaufgaben zu (z. B. 360°-Sprung).

HINWEISE

- Den Abstand zunächst nicht zu klein wählen, damit die Präzision unter dem Zeitdruck nicht leidet
- Die Aufgaben sollten noch vornehmlich „ortsgebunden", also ohne Fortbewegung erfolgen
- Zunächst eher langsame Bewegungsfolge, später die Bälle im „Fluß" spielen lassen

VARIATIONEN

- Zusatzaufgaben variieren: Händeklatsch vor, hinter dem Körper, auf dem Boden *(Fuß – Komplexität III)*
- Die Bälle unterschiedlich stoppen: Sohle, Innen- oder Außenrist *(Fuß – Komplexität III)*

Komplexitäts-druck	Zeitdruck	Präzisionsdruck	
		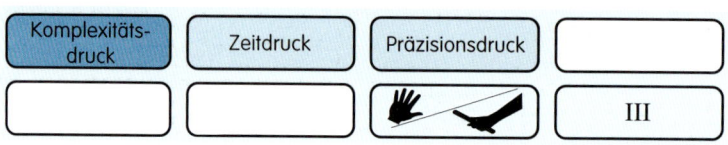	III

30

 Den Ball zu einem Ziel passen

 Nachlaufen, Ball überholen, Tunnel bilden

 Nachlaufen und den Ball vor dem Ziel stoppen

- Linienaufstellung
- Linien als Ballweg oder Ziel einsetzen

HINWEISE

zu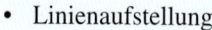
- Wechsel zwischen Vor- und Rückhand *(Schläger – Komplexität: III)*
- Mit dem Fuß spielen *(Fuß – Komplexität II)*

VARIATIONEN

zu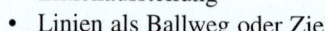
- Rückwärtslaufen *(Schläger – Komplexität: III)*
- 180°-Drehung, Grätschstand, Liegestütz rücklings *(Schläger – Komplexität: III)*

zu
- Unterschiedliches Stoppen des Balles: mit tiefem Stock, Vorhand, Rückhand *(Schläger – Komplexität: III)*

31

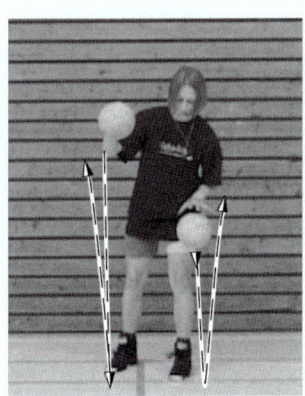

Mit zwei Bällen am Ort oder in der Bewegung prellen.

HINWEISE
- Es bietet sich an, von gleichen Bällen (Größe, Oberflächenbeschaffenheit, Luftdruck) zu ungleichen Bällen voranzuschreiten
- Hallenlinien symbolisieren die Verkehrsstraßen

VARIATIONEN
- Die Bälle synchron-asynchron aufsetzen *(Hand – Komplexität: II)*
- Unterschiedliche Rhythmen vorgeben *(Hand – Komplexität: III)*
- Unterschiedliche Prellfrequenzen mit rechts und links *(Hand – Komplexität: III)*
- „Blind" prellen *(Hand – Komplexität: III)*
- Hinsetzen und aufstehen *(Hand – Komplexität: III)*
- Bälle mit Handwechsel um den Körper prellen *(Hand – Komplexität: III)*
- Vor-, rück- und seitwärts, Drehungen *(Hand – Komplexität: III)*

Organisations-druck			
✋			II

32

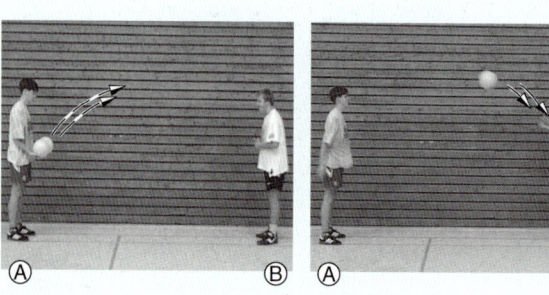

A und B stehen sich frontal gegenüber. A hat zwei Bälle und wirft sie als Unterhandwurf zu B, der die Bälle fängt.

HINWEISE

- Den Abstand am Anfang gering halten, um das Fangen zu erleichtern
- Bälle zuerst nacheinander, dann gleichzeitig werfen
- Aufmerksamkeit auf die Beobachtungsfolge je nach Zuwurf lenken (gleichzeitiges oder nacheinander Werfen)

VARIATIONEN

- Beide Bälle werden indirekt zugeworfen *(Hand – Komplexität: II)*
- Beide Bälle werden hoch zugeworfen *(Hand – Komplexität: II)*
- A und B stehen eng zueinander, A läßt die Bälle aus der Hochhalte fallen, B fängt sie ohne/mit Zusatzaufgabe (z. B. Händeklatsch, 360°-Drehung usw.) bzw. ohne/mit Bodenkontakt *(Hand – Komplexität: II)*
- Einen Ball direkt, den anderen Ball indirekt zuwerfen *(Hand – Komplexität: III)*

Organisations-druck	Zeitdruck	Präzisionsdruck	
✋			II

33

Ⓐ　　　　　　　　　Ⓑ

A und B haben jeweils einen Ball und stehen sich frontal gegenüber. Zwischen ihnen befindet sich ein offenes Kastenteil. A rollt seinen Ball durch das Kastenteil zu B, während B gleichzeitig seinen Ball als aktiven Prellwurf (Aufsetzer vor dem Kastenteil) zu A spielt.

HINWEISE

- Anstelle eines Kastenteiles, können auch auf Kleinkästen gestellte Turnbänke (Tunnel) benutzt werden
- Je nach gewähltem Abstand verändern sich die Druckbedingungen
- Signale für den Start verabreden
- Unbedingt beidseitige Abspiele beachten

VARIATIONEN

- Prellwürfe einhändig ausführen *(Hand – Komplexität: II)*
- A und B tauschen nach dem Abspiel ihre Plätze, stoppen oder fangen die Bälle so schnell wie möglich *(Hand – Komplexität: III)*
- Statt mit der Hand rollen, wird der Ball mit dem Fuß gespielt *(Fuß – Komplexität: II)*

Organisations-druck	Präzisionsdruck		
🖐			III

34

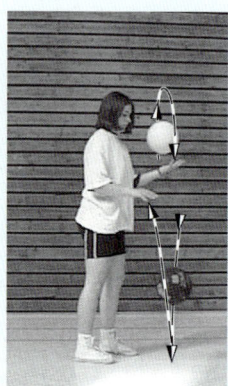

Einen Ball ständig in der Bewegung mit einer Hand hochwerfen und fangen sowie einen zweiten Ball mit der anderen Hand auf den Boden prellen.

HINWEISE

- Aufgabenstellungen können ohne Unterbrechung auf Signal geändert werden (z. B. Handwechsel)
- Zunächst im freien, dann im eingegrenzten Raum
- Luftballon kann als Einstieg verwendet werden

VARIATIONEN

- An der Wand entlang Würfe gegen die Wand *(Hand – Komplexität: III)*
- Statt prellen, mit dem Fuß dribbeln *(Fuß – Komplexität: III)*
- Zwei Bälle hochwerfen und fangen, dritten Ball dribbeln *(Hand, Fuß – Komplexität: III)*
- Zwei Bälle prellen, dritten Ball mit dem Fuß spielen und stoppen *(Hand, Fuß – Komplexität: III)*

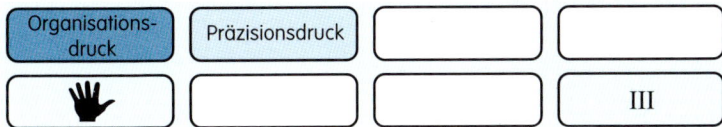

35

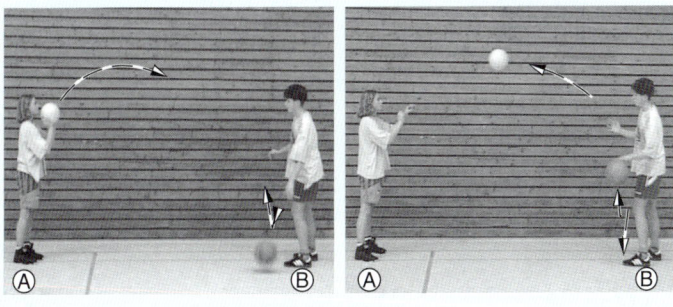

A und B haben jeder einen Ball und stehen sich frontal gegenüber. A wirft seinen Ball zu B, während dieser gleichzeitig und fortwährend prellt. B fängt den zugeworfenen Ball und wirft ihn zurück, wobei er seinen Ball weiterprellt.

HINWEISE

- Zunächst eher langsame Bewegungsfolge, d. h. A wartet mit dem Zuwurf bis B die Kontrolle über den prellenden Ball hat
- Die Beobachtung ist überwiegend auf den Partner und zugeworfenen Ball ausgerichtet. Der geprellte Ball sollte möglichst ohne Blickkontakt gespielt werden
- Wechsel auf Signal oder nach einer zuvor verabredeten Anzahl von Wiederholungen

VARIATIONEN

- Nach jedem Abwurf findet ein Handwechsel mit dem geprellten Ball statt *(Hand – Komplexität: III)*
- Vor dem Fangen die vom Partner mit den Fingern angezeigte Zahl sehen und laut rufen *(Hand – Komplexität: III)*

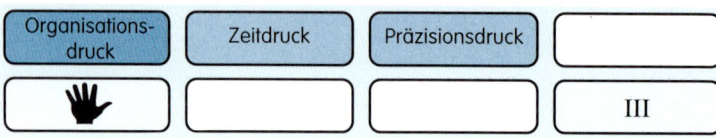

36

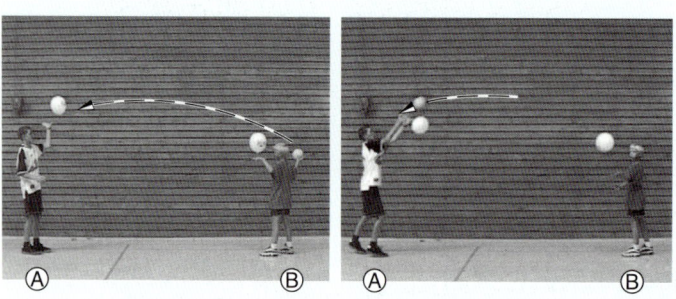

A und B stehen sich frontal gegenüber. Jeder hat einen Luftballon, der ständig in der Luft gehalten werden soll. Zusätzlich spielen sich A und B einen Ball zu.

HINWEISE

- Der Abstand zueinander beeinflußt in hohem Maße das Gelingen
- Zur Erleichterung kann ein Signalwort für das Zuspiel verabredet werden
- Das Hochspielen des Luftballons ist leichter vor als neben dem Körper, da dann das relevante Blickfeld nicht zu groß wird
- Nachdem die Spieler viele eigene Zuspielarten ausprobiert haben, kann die Zuspielweise laufend von außen vorgegeben werden

VARIATIONEN

- Wurfvariationen: einhändig-beidhändig, direkt-indirekt usw. *(Hand – Komplexität: III)*
- Fangvariationen berücksichtigen: Überkopfhöhe, einhändig usw. *(Hand – Komplexität: III)*

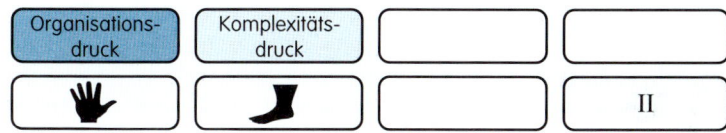

37

 Einen Ball zwischen die Füße einklemmen, springen und mit den Füßen hochwerfen

 Den Ball kontrolliert fangen

HINWEISE

- Das Einklemmen des Balles mit dem vorderen Teil der Füße erleichtert den Abwurf nach vorn-oben
- Nicht zu kleine oder zu schwere Bälle verwenden

VARIATIONEN

zu ❶
- Rückwärts hochwerfen, drehen und orientieren *(Hand – Komplexität: III)*
- Im Strecksitz hochwerfen und fangen *(Hand – Komplexität: III)*

zu ❷
- Einhändig *(Hand – Komplexität: III)*
- Im Sprung fangen *(Hand – Komplexität: III)*
- Den Ball einmal mit einem x-beliebigen Körperteil (Hand, Fuß, Kopf usw.) volleyspielen und danach fangen *(Hand, Fuß, Kopf – Komplexität: III)*

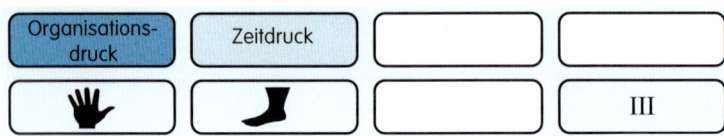

38

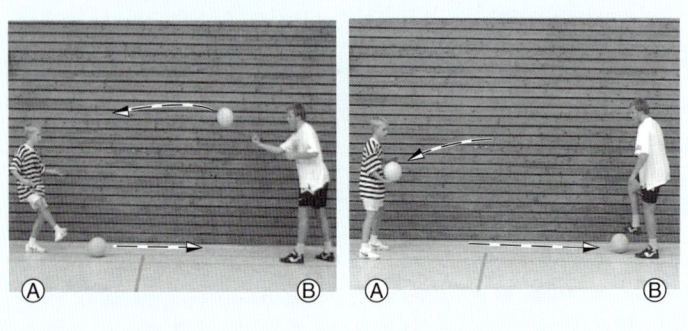

Ⓐ   Ⓑ   Ⓐ   Ⓑ

A und B haben jeder einen Ball und stehen sich frontal gegenüber. A spielt seinen Ball mit dem Fuß zu B, während B gleichzeitig seinen Ball zu A wirft. Der mit dem Fuß gespielte Ball wird immer kurzfristig gestoppt und zurückgespielt, während die Orientierung zusätzlich dem geworfenen Ball gilt.

HINWEISE

- Auch den „schwachen" Fuß berücksichtigen
- Ein weites Blickfeld (beide Bälle und Spielpartner) anstreben

VARIATIONEN

- Vor dem Fangen die vom Partner mit den Fingern angezeigte Zahl sehen und laut rufen *(Hand, Fuß – Komplexität: III)*
- B wirft seinen Ball senkrecht hoch, A schießt seinen Ball mit dem Fuß zu B, der diesen Ball stoppt und mit dem Fuß zurückspielt. Anschließend fängt B den selbst angeworfenen Ball *(Hand, Fuß – Komplexität: III)*
- Wurf- und Fangvariationen beachten *(Hand, Fuß – Komplexität: III)*
- Vor dem Fangen des zugeworfenen Balles eine 360°-Drehung ausführen (rechts-links) *(Hand, Fuß – Komplexität: III)*

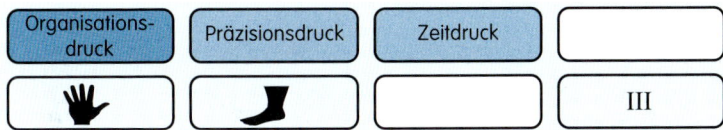

Organisations-druck	Präzisionsdruck	Zeitdruck	
✋	🧦		III

39

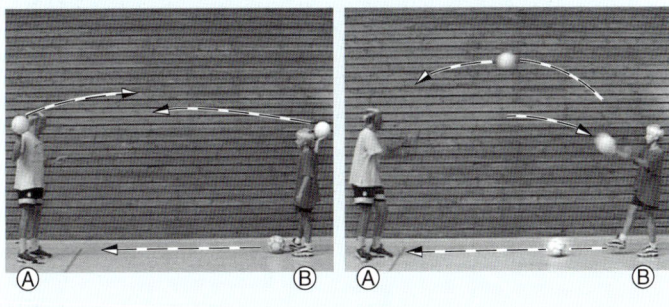

A und B stehen einander gegenüber. Jeder hat einen Ball, den sie sich je nach Aufgabenstellung zuspielen. Währenddessen wird zusätzlich ein dritter Ball mit den Füßen hin und her gepaßt.

HINWEISE

- Linien einbeziehen, um den Spielraum von A und B einzugrenzen
- Zur Erleichterung kann ein Signalwort für das Zuspiel mit dem Fuß verabredet werden und das Tempo für das Werfen und Fangen reduziert werden
- Die Aufgabenstellung läßt sich gut „inszenieren" (Ballprobe; vgl. S. 146)

VARIATIONEN

- Wurfvariationen: einhändig-beidhändig, direkt-indirekt, Brusthoch-Überkopf usw. *(Hand, Fuß – Komplexität: III)*
- Fangvariationen berücksichtigen: Überkopfhöhe, einhändig usw. *(Hand, Fuß – Komplexität: III)*
- Stoppvarianten: Sohle, Seitspann usw. *(Hand, Fuß – Komplexität: III)*

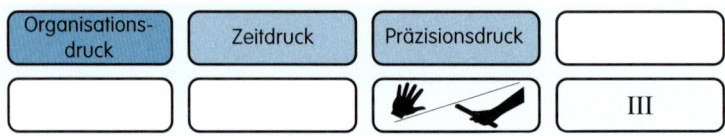

Organisations-druck	Zeitdruck	Präzisionsdruck	
		✋ ➤	III

40

Ⓐ　　　　　　　　　　Ⓑ

A und B stehen sich frontal gegenüber. A hat zwei Bälle und B hat einen Ball. Gegen den Uhrzeigersinn „wandern" die Bälle zwischen A und B hin und her.

HINWEISE

- Abstände variieren lassen im Sinne einer „Ziehharmonika": Auf-einander-zu-gehen und Auseinander-gehen
- Für die Erleichterung der Zuspiele kann das Tempo verlangsamt und durch eine Rhythmusvorgabe unterstützt werden
- Anfangs nicht überkreuz zupassen

VARIATIONEN

- Auf Signal Richtungswechsel der Zuspiele *(Schläger – Komple-xität: III)*
- Jeder 5., 7., X. Ball (lautes Mitzählen) ist ein Rückhandpaß *(Schlä-ger – Komplexität: III)*
- Mit vier Bällen im Umlauf *(Schläger – Komplexität: III)*

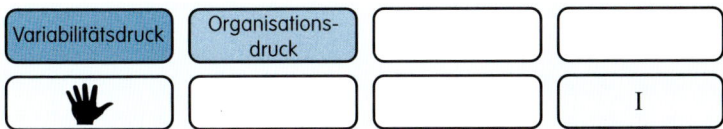

Variabilitätsdruck	Organisations-druck		
✋			I

41

A und B gehen oder laufen durcheinander in der Halle und werfen sich die Bälle fortwährend in der Bewegung zu.

HINWEISE

- Es können in der Halle unterschiedliche Gegenstände (Bänke, Kästen, Reifen) aufgestellt werden, die je nach Aufgabenstellung benutzt oder nicht berührt werden dürfen
- Die Orientierungsfähigkeit kann erleichtert oder erschwert werden (Wahl des Abstandes zueinander, Einbeziehen von Aufgaben vor dem Fangen, Größe des Spielraumes im Verhältnis zu den Spielerpaaren usw.)
- Das Tempo so wählen, daß die Ballkontrolle und die Präzision erhalten bleiben

VARIATIONEN

- Abstand zueinander annähernd konstant halten *(Hand – Komplexität: II)*
- Wurf- und Fangarten variieren: einhändig-beidhändig, direkter-indirekter Druckpaß usw. *(Hand – Komplexität: II)*

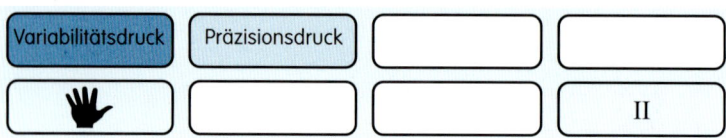

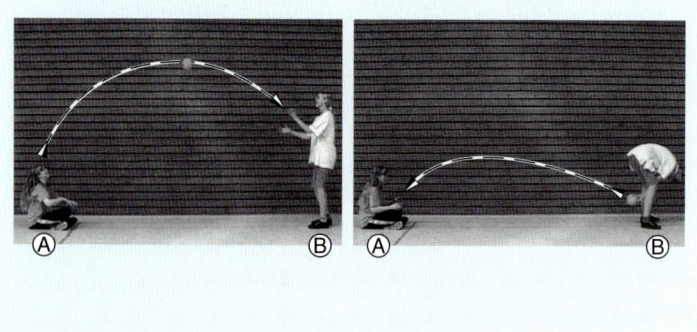

A und B befinden sich einige Meter auseinander und werfen sich aus verschiedenen Körperabwurfstellungen den Ball zu (z. B. aus dem Sitzen oder rückwärts durch die gegrätschten Beine).

- Aufgaben lassen sich zu einer Ballprobe vermengen (vgl. S. 146)
- Aufgabenstellungen enthalten teilweise auch beweglichkeitsfördernde oder kräftemobilisierende Elemente

HINWEISE

- A und B stehen oder sitzen sich gegenüber, A hält den Ball hinter dem Rücken und wirft den Ball zu B begleitet von einer Rumpfbeuge vorwärts sowie einem aktiven Handgelenkeinsatz *(Hand – Komplexität: II)*
- A hält beidhändig den Ball in der Vorhalte, macht einen 180°-Drehsprung und wirft den Ball in der Luft Überkopf als Aufsetzer zu B *(Hand – Komplexität: III)*
- A hat den Ball zwischen die Füße eingeklemmt und „schleudert" diesen zu B *(Hand, Fuß – Komplexität: III)*

VARIATIONEN

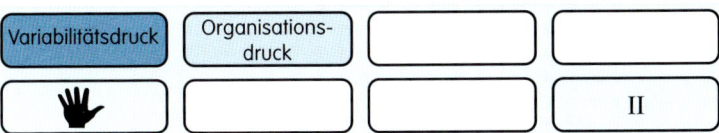

Variabilitätsdruck	Organisations-druck		
✋			II

43

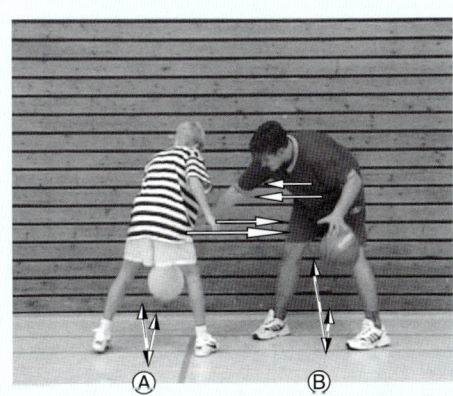

A und B prellen fortwährend im freien Raum, gehen aufeinander zu und versuchen, den Ball und nicht den Körper des Partners zu berühren.

HINWEISE

- Spielraum festlegen, damit kein „Prellwettrennen" entsteht
- Wer den Ball verloren hat, nimmt ihn auf und der nächste Versuch beginnt
- Beidseitigkeit betonen
- Verabredung finden, was als Ballkontrolle und -verlust gilt
- Formen des Ballschutzes entdecken lassen

VARIATIONEN

- A und B stehen Rücken an Rücken und versuchen durch Schieben den Ballverlust beim Partner zu erreichen *(Hand – Komplexität: III)*
- A und B fassen sich an die Hände und versuchen, den Partner von der Stelle mit Verlust der Ballkontrolle zu ziehen *(Hand – Komplexität: III)*

Variabilitätsdruck	Komplexitäts-druck		
✋			II

44

 A und B laufen nebeneinander. A wirft den Ball zu B, der in den Laufweg von A gekreuzt ist.

 B nimmt den Ball an und führt ihn auf die Position von A. A wechselt auf die Position von B.

 Jetzt läuft A in den Laufweg von B und erhält dabei den Ball zugespielt.

HINWEISE

- Hallenlinien können zur räumlichen Orientierung einbezogen werden
- Geöffnete und erhobene Hand zeigen, um das Zuspiel zu fordern

VARIATIONEN

- Anzahl der Laufschritte mit Ball oder Prellkontakte festlegen *(Hand – Komplexität: III)*
- Nach dem Fangen den Ball auf den Boden legen, mit den Füßen dribbeln, Ball aufnehmen und zum Partner passen *(Hand, Fuß – Komplexität: II)*

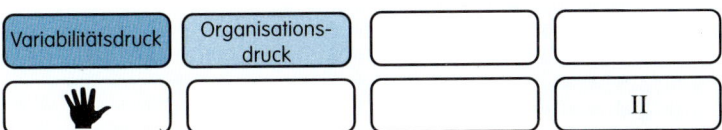

Variabilitätsdruck	Organisations-druck		
✋			II

45

Ⓐ　　　　　　Ⓒ　　　　Ⓑ

A und B stehen in Pylonentoren. B hat den Ball und paßt ihn zu A, während C versucht, diesen Paß abzufangen. Dann wechseln C und B die Positionen und B bemüht sich, das Zuspiel von A auf C zu verhindern.

HINWEISE

- Keine Pässe über Reichhöhe zulassen
- Die Größe der Tore ist an das Leistungsniveau anzupassen
- Einsatz verschiedener Finten kann vorgestellt werden

VARIATIONEN

- Der „Verteidiger" darf nur in einer bestimmten Zone stören
  (Hand – Komplexität: III)
- Varianten des Passens: einhändig-beidhändig, direkt-indirekt
  (Hand – Komplexität: III)
- Punkte vergeben für erfolgreiches Abfangen eines Zuspieles
  (Hand – Komplexität: III)

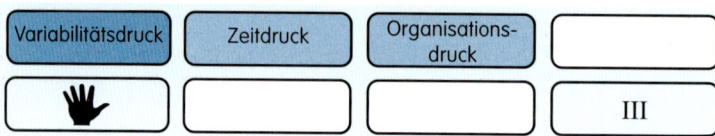

Variabilitätsdruck	Zeitdruck	Organisations-druck	
✋			III

46

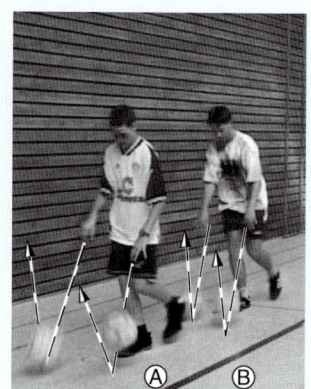

A und B stehen hintereinander. Jeder hat zwei Bälle. A prellt beide Bälle in der Fortbewegung und B imitiert die Bewegungsfolgen von A.

HINWEISE

- Es können viele Geräte einbezogen werden (Turnbänke, Gymnastikreifen, kleine Kästen usw.)
- Hallenlinien symbolisieren die „Verkehrsstraßen"
- Kein zu schneller Wechsel von Bewegungen und zunächst auch kein zu hohes Tempo durch A
- Wenn jemand die Kontrolle über den Ball verliert, wartet der Partner mit Prellen der Bälle am Ort
- Zunächst gleiche Bälle einsetzen, damit die Rhythmusvorgabe und die Rhythmusimitation erleichtert werden

VARIATIONEN

- Prellvariationen: gleichzeitig-wechselseitig *(Hand – Komplexität: III)*
- Fortbewegungsvariationen: Hüpfen, Gehen, Laufen, seit-, rückwärts usw. *(Hand – Komplexität: III)*

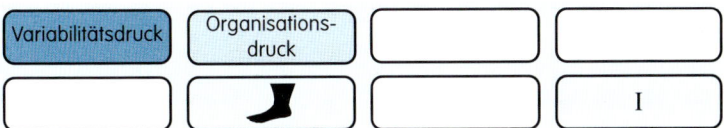

47

In einer immer kleiner werdenden Spielzone dribbeln alle Spieler zunächst im Laufen, später im Gehen so kontrolliert ihre Bälle, daß Zusammenstöße vermieden werden.

HINWEISE

- Eine enge Ballführung ansprechen
- Mit den Pylonen können sehr variable Spielzonen geschaffen werden

VARIATIONEN

- Auf Signale verschiedene Stoppvarianten ausführen (Sohle, Knie, Hinterteil, Ellenbogen) *(Fuß – Komplexität: II)*
- Auf Signal wird zunächst der eigene Ball gestoppt und dann mit nächstbefindlichen Ball weitergespielt *(Fuß – Komplexität: III)*
- Auf Zuruf muß schnell die Spielzone verlassen und auf mehrere Ziele geschossen werden *(Fuß – Komplexität: III)*
- In der Spielzone ist ein „Räuber", der auf Zuruf aktiviert wird und Bälle auf faire Weise erorbern möchte *(Fuß – Komplexität: III)*

Variabilitätsdruck	Präzisionsdruck		
	🧦		II

48

A dribbelt mit einem Ball kreuz und quer in einer Spielzone. Seitlich der Spielzone befinden sich die übrigen Spieler mit je einem Ball. A paßt den Ball unerwartet nach vorne. Die anderen Spieler versuchen nun den Gassenball zu treffen.

- Die Größe der Spielzone und die Wahl des Zielballes kann dem Könnensstand angepaßt werden

HINWEISE

- Nur mit einem Fuß dribbeln und schießen *(Fuß – Komplexität: II)*

VARIATIONEN

- Zwei oder mehr Dribbler *(Fuß – Komplexität: II)*
- Alle Spieler befinden sich in einem Spielfeld *(Fuß – Komplexität: II)*
- Mit Punktevergabe für Treffer *(Fuß – Komplexität: II)*
- Der Dribbler spielt mit zwei Bällen *(Fuß – Komplexität: III)*

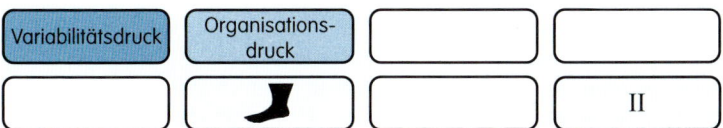

Variabilitätsdruck	Organisations-druck		
	👣		II

49

A, B und C sowie weitere Dreier-Gruppen spielen sich in einem abgegrenzten Spielfeld einen Ball zu. Die Gruppen haben die Aufgabe, sich so häufig wie möglich den Ball zuzuspielen, ohne daß es dabei zu Kollisionen mit Bällen oder Mitspielern kommt.

HINWEISE

- Im lockeren Lauftempo immer wieder gemäß der jeweiligen Spielkonstellation eine Anspielmöglichkeit suchen und signalisieren

VARIATIONEN

- Im Spielfeld sind viele Tore aufgestellt. Die Zuspiele untereinander sollen möglichst häufig durch die Tore erfolgen *(Fuß – Komplexität: III)*
- Zuspielmöglichkeiten variieren: direkter Paß, Vollspann usw. *(Fuß – Komplexität: III)*
- Den zugepaßten Ball durch die Beine rollen lassen, danach im hohen Tempo umdrehen, antreten und den Ball weiterdribbeln *(Fuß – Komplexität: III)*

Variabilitätsdruck	Organisations-druck		
		🖐️➤🦅	II

50

In einem abgegrenzten Spielfeld sind umgekippte Turnbänke, kleine Kästen und Kastenteile aufgestellt. Die Spieler dribbeln ihren Ball kreuz und quer im Spielfeld, wobei sie sich ständig um indirekte Eigenzuspiele mittels der im Spielfeld liegenden „Anspielmöglichkeiten" bemühen sollen.

HINWEISE

- Bei der Entscheidung über die Anspielmöglichkeiten muß die Stellung der Mitspieler beachtet werden. Nur Zuspiele durchführen, wenn der Paßweg frei ist
- Eine Anspielmöglichkeit darf nicht zweimal hintereinander benutzt werden

VARIATIONEN

- Auf ein Zeichen sollen die Bälle gestoppt werden und jeder Spieler nimmt sich einen neuen Ball *(Schläger – Komplexität: III)*
- Zuspiel- und Stoppvarianten: Vor- und Rückhand *(Schläger – Komplexität: III)*
- Einen oder zwei halbaktive Störspieler, die die Eigenzuspiele erschweren sollen *(Schläger – Komplexität: III)*

Auf gesonderte Beispiele für die sechste – und letzte – koordinative Anforderungskategorie „Belastungsdruck" kann im folgenden verzichtet werden. Für die Schulungen in diesem Bereich lassen sich „im Prinzip" alle 50 Übungen der beschriebenen Sammlung heranziehen. Sie müssen dann dahingehend modifiziert werden, daß sie zusätzlich unter konditionell-energetischen oder psychischen Druckbedingungen zu realisieren sind. Hierfür bieten sich eine Reihe spezifischer Organisationsformen an. Mit den Abbildungen 12-14 werden exemplarisch drei methodische Möglichkeiten aufgezeigt: die Umwandlung von Einzelaufgaben zu Staffeln, zu Ball-Parcours oder zu Ballartisten-Proben.

Staffeln

In den Abbildungen 12a und b sind vier verschiedene *Staffelformen* dargestellt. Staffeln sind beliebt und organisatorisch einfach zu handhaben. Sie eignen sich in besonderer Weise für die gewünschte Kombination von koordinativen und adäquaten konditionellen Beanspruchungen.

Ball-Parcours

Gleiches gilt für *Ball-Parcours*. Die in den Abbildungen 13a und b angeführten Inhalte sind dabei vielfältig erweiter- und austauschbar. Darüber hinaus können die Parcours auf verschiedene Weise durchlaufen werden: einzeln oder im Gruppenverbund, mit oder ohne eine vorgegebene Zeit oder Punktzahl.

Ballartisten-Probe

Schließlich wird mit der Abbildung 14 so etwas wie eine *Ballartisten-Probe* vorgestellt, die sich z. B. nach einem Stufen- oder Pyramidensystem gestalten läßt. Die Spannbreite der Inszenierung reicht von einfachen Wettkampfformen bis hin zu zirzensischen Darbietungen. Charakteristisch für Ballproben ist eine „strenge Regelauslegung", mit der vor allem psychischer Belastungsdruck erzeugt werden soll. Wenn ein Fehler gemacht wird – und sei es in der vorletzten oder womöglich letzten Aufgabenstellung –, muß die Probe erneut von vorne begonnen werden. Nach dem „Wie kann man die Probe bewältigen?" folgt nunmehr „Wer kann als erster die Gesamtprobe fehlerfrei absolvieren?".

Staffelformen	Beispiele

Pendelstaffel

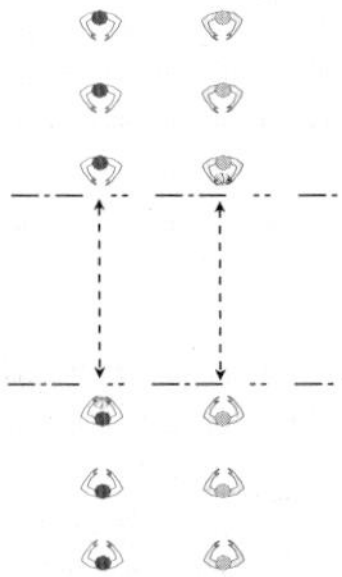

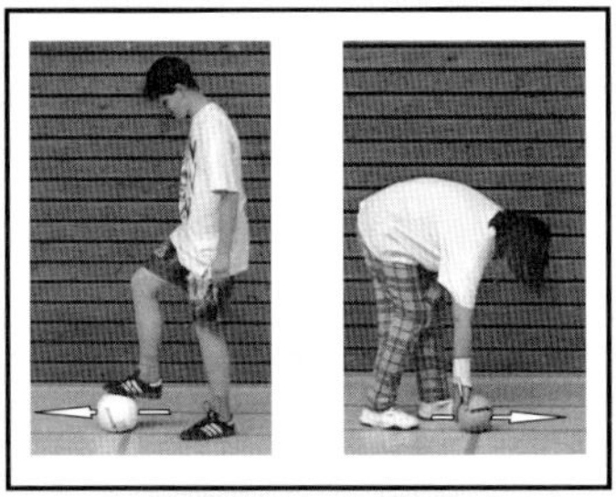

Ball hüpfend mit der Fußsohle oder mit der Hand vorwärts rollen

oder

Ball wechselseitig hochspielen

Umkehrstaffel

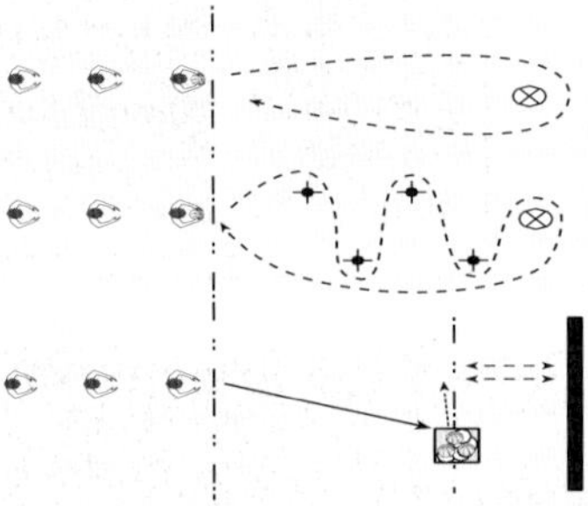

Mit Frisbee-Scheibe auf dem Kopf prellen

Slalomprellen

Zwei Bälle gegen die Wand werfen und fangen

Abb. 12a: Beispiele für die Umwandlung von Einzelaufgaben zu Staffeln

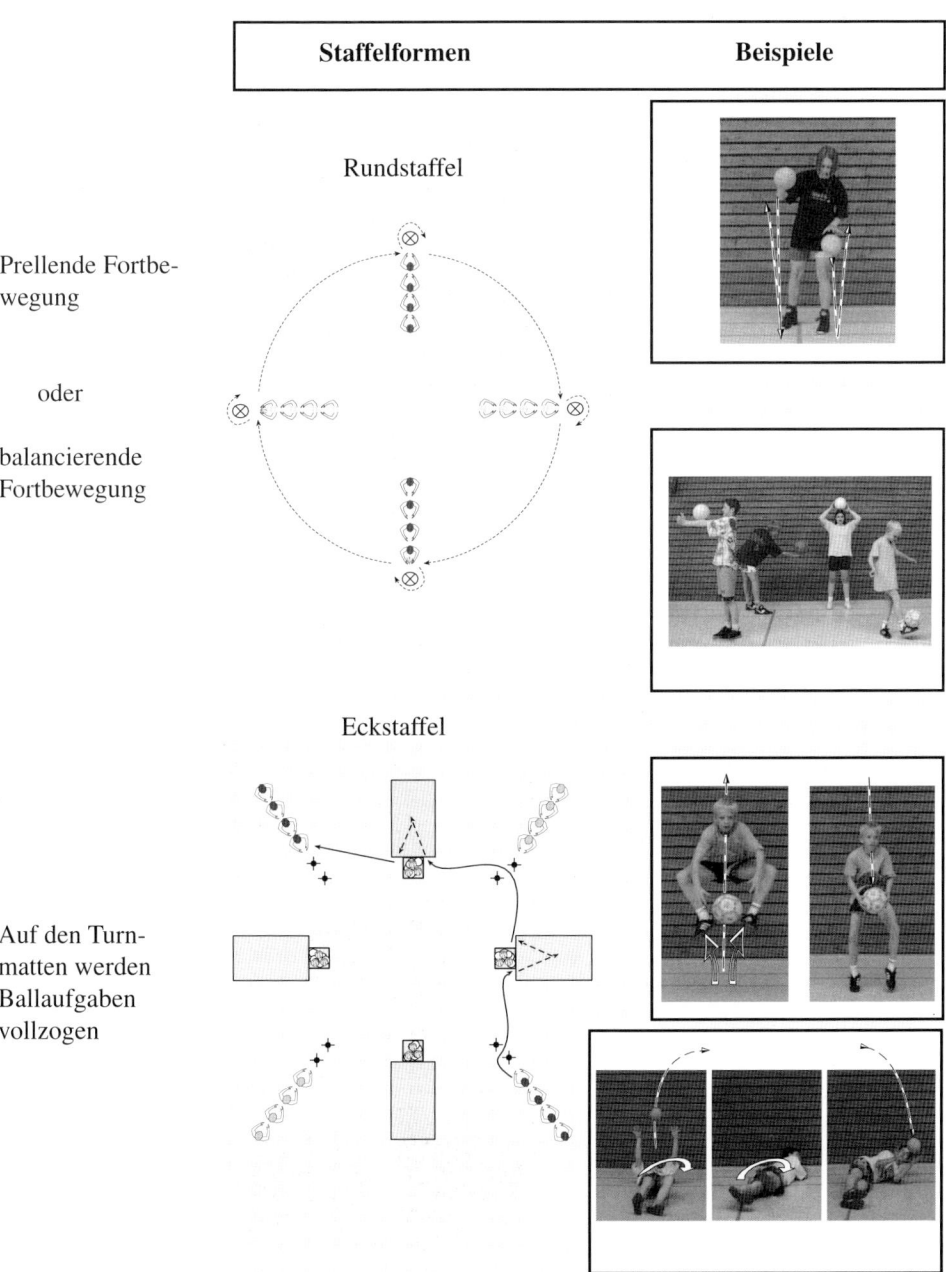

Abb. 12b: Beispiele für die Umwandlung von Einzelaufgaben zu Staffeln

Ball auf der Bank rollen

Auf der Bank Bälle gegen
die Wand werfen

Prellwurf gegen die Wand

Ball gegen die Wand werfen

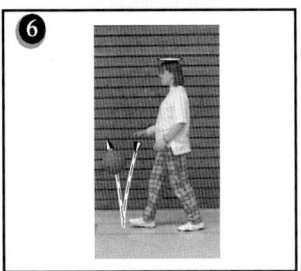

Mit Frisbee auf dem Kopf über
die Wippe Ball prellen

Ball rückwärts über die
Matte werfen

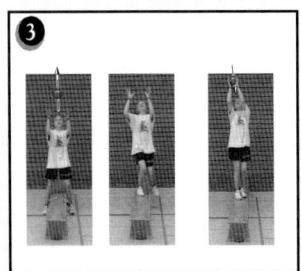

Hochwerfen und auf die
Bank springen

Beidarmig Balljonglieren und
über die Kippe gehen

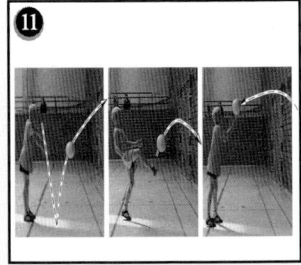

Prellwurf gegen die Wand und
mit Fuß gegen die Wand spielen

Slalomprellen

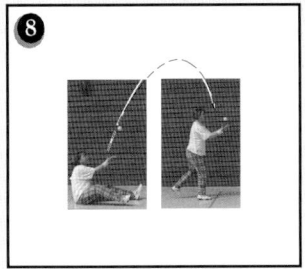

Aus dem Sitzen Ball
hochwerfen

Ball hochwerfen und
Hockstellung

Abb. 13a: Beispiel eines Ball-Parcours

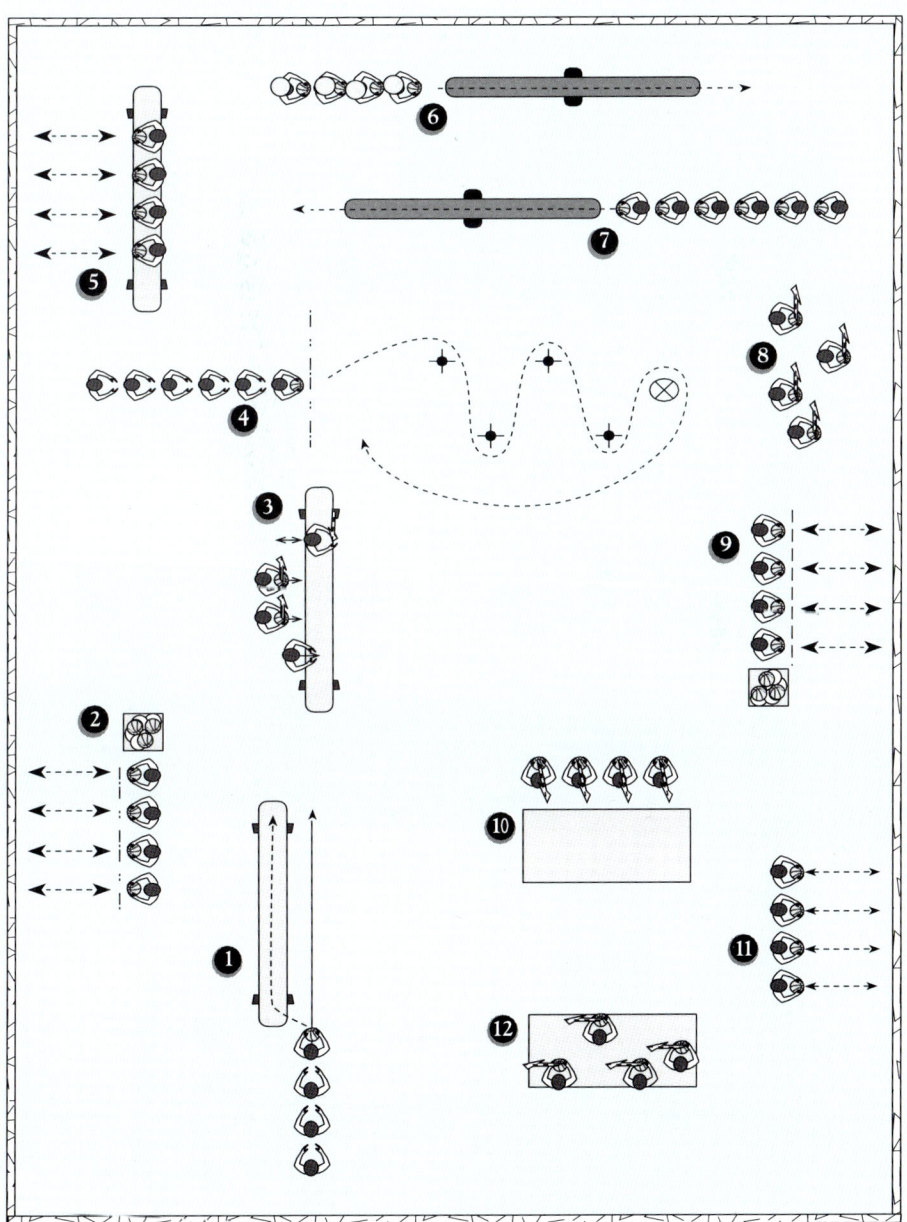

Abb. 13b: Beispiel eines Ball-Parcours

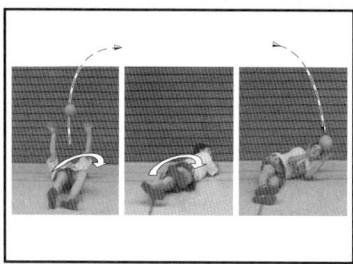

Zwei Wiederholungen
* Drehung um die
  Körperlängsachse

Zwei Wiederholungen
* Hand umkreisen
* Fuß umkreisen

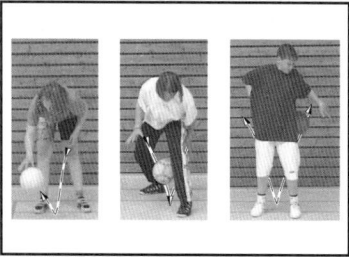

Sechs Wiederholungen
* vor oder zwischen oder hinter den Beinen prellen

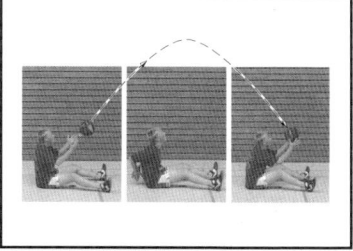

Acht Wiederholungen
* Händeklatsch vor/hinter
  dem Körper

Zehn Wiederholungen
* Händeklatsch

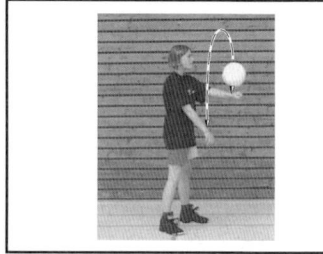

Zwölf Wiederholungen
* Wechselseitiges Hochspielen

Abb. 14: Beispiel einer „Ballartisten-Probe"

Fertigkeitsorientierte Ballschule

Einführung

Zeichenlegende und Darstellungsform

Die Übungssammlung

Winkel steuern
Krafteinsatz steuern
Spielpunkt des Balles bestimmen
Laufwege und -tempo zum Ball festlegen
Sich verfügbar machen
Zuspielrichtung und -weite vorwegnehmen
Abwehrposition vorwegnehmen
Laufwege beobachten

Kapitel
4

Einführung

Der fertigkeitsorientierte Zugang stellt die theoretisch „jüngste" und praktisch am wenigsten bekannte Säule der Ballschule dar. Viele der auf sie bezogenen Überlegungen im Kapitel 1 tragen eindeutig noch vorläufigen Charakter. Sie sind in naher Zukunft weiter auszuarbeiten. Beim derzeitigen Erkenntnisstand wird von acht *sportspielübergreifenden Technikbausteinen* ausgegangen:

- **Winkel steuern:** Sensomotorische Aufgabenstellungen, bei denen es darauf ankommt, die Richtung eines geworfenen, geschossenen oder geschlagenen Balles präzise zu steuern

  Definition der sportspielübergreifenden Technikbausteine

- **Krafteinsatz steuern:** Sensomotorische Aufgabenstellungen, bei denen es darauf ankommt, den Krafteinsatz eines geworfenen, geschossenen oder geschlagenen Balles präzise zu steuern

- **Spielpunkt des Balles bestimmen:** Sensomotorische Aufgabenstellungen, bei denen es darauf ankommt, den räumlichen Abwurfpunkt, Schußpunkt oder Schlagpunkt eines Balles präzise anzusteuern

- **Laufwege und -tempo zum Ball festlegen:** Sensomotorische Aufgabenstellungen, bei denen es darauf ankommt, die Richtung und Geschwindigkeit des Laufens zu einem Ball präzise zu steuern

- **Sich verfügbar machen:** Sensomotorische Aufgabenstellungen, bei denen es darauf ankommt, eine Bewegungsausführung zur richtigen Zeit vorzubereiten bzw. einzuleiten

- **Zuspielrichtung und -weite vorwegnehmen:** Sensomotorische Aufgabenstellungen, bei denen es darauf ankommt, die tatsächliche Richtung und Weite eines zugespielten Balles korrekt zu antizipieren

- **Abwehrposition vorwegnehmen:** Sensomotorische Aufgabenstellungen, bei denen es darauf ankommt, die tatsächliche Abwehrposition eines oder mehrerer Gegenspieler korrekt zu antizipieren

- **Laufwege beobachten:** Sensomotorische Aufgabenstellungen, bei denen es darauf ankommt, die Laufbewegungen eines oder mehrerer Gegenspieler korrekt wahrzunehmen

Drei Ordnungs-kriterien für die Übungen

Die Übungssammlung wird wieder in gleicher Weise gegliedert wie in den Kapiteln 2 und 3. Oberstes Kriterium ist die Zuordnung zu einem Technikbaustein, danach werden die Kriterien „Hand, Fuß, Schläger/Schlaghand" und „Komplexitätsniveau" (Schwierigkeitsstufe) angewendet. Für jeden Technikbaustein finden sich sechs Übungsbeispiele.

Einsatzmöglich-keiten

Die fertigkeitsorientierte Ballschule sollte schwerpunktmäßig in den Hauptteil von Unterrichts- oder Trainingsstunden eingebunden werden.

Zeichenlegende und Darstellungsform

Wegweiser für die Übungssammlung

An dieser Stelle kann auf die Kapitel 2 und 3 verwiesen werden. Die Zeichen entsprechen denen in der Abbildung 7, die Präsentation der Übungen erfolgt nach dem Muster von Abbildung 8. In der blau gefärbten Kopfzeile stehen die jeweils trainierten Technikbausteine.

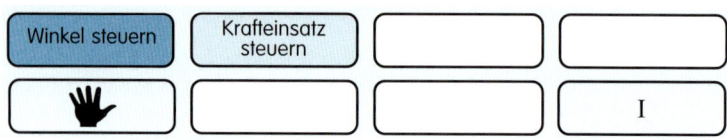

Ⓐ   Ⓑ

A und B stellen sich in einem Abstand von etwa drei bis vier Metern gegenüber auf. A versucht B den Ball in verschiedenen Höhen nacheinander zuzupassen. B fängt jedesmal den Ball und wirft ihn in einer beliebigen Art zurück. Nach der Wurfreihenfolge Überkopf-, Kopf-, Brust-, Knie- und Fußhöhe wechselt die Aufgabe zu B.

HINWEISE

- Der Partner kann das Zielzuspiel durch fangbereite Arme signalisieren
- Nach jedem Durchgang sollte zunächst die Wurfhand und dann die Ballart wechseln
- Die Wahl des Abstandes zueinander hängt vom Könnensstand und von der Ballwahl ab

VARIATIONEN

- Die Wurfreihenfolge wird vom Fänger durch Zuruf oder Signal bestimmt *(Hand – Komplexität: I)*
- Indirekte Zuspiele *(Hand – Komplexität: II)*
- Zuspiele in der Bewegung *(Hand – Komplexität: II)*

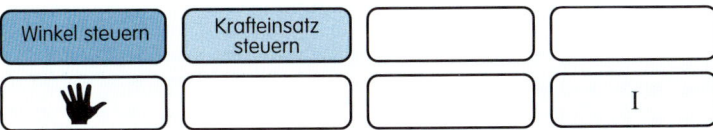

Winkel steuern	Kraffeinsatz steuern		
✋			I

2

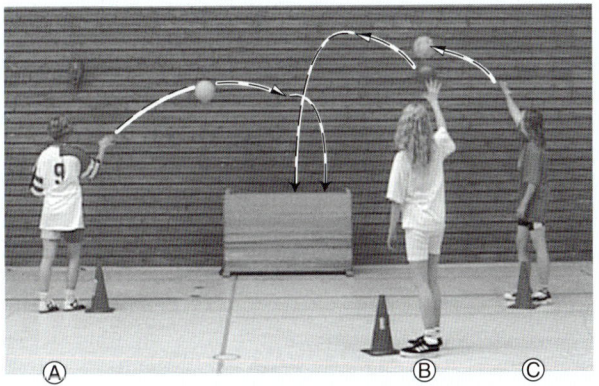

(A)   (B)   (C)

Vor einer Wand werden große Kästen ohne Kastendeckel und/oder kleine umgedrehte Kästen als Wurfziele aufgestellt. Die Spieler A, B und C stehen in unterschiedlicher Entfernung und Richtung vor diesen Zielen und versuchen, die Bälle mittels Abpraller über die Wand in diese Ziele zu werfen.

HINWEISE

- Für die Standorte der Spieler können Pylonen benutzt werden
- Für kleine Bälle sind auch Eimer als Wurfziele verwendbar
- Die Übung eignet sich gut als Wettkampfform oder Bestandteil einer Staffel

VARIATIONEN

- Abstand der Ziele zur Wand verändern *(Hand – Komplexität: II)*
- Abstand der Spieler zu den Zielen variieren *(Hand – Komplexität: II)*
- Mit geschlossenen Augen *(Hand – Komplexität: II)*
- Prellwürfe gegen die Wand *(Hand – Komplexität: II)*
- Spannstöße mit den Füßen *(Fuß – Komplexität: II)*

Winkel steuern	Krafteinsatz steuern		
	🧦		I

3

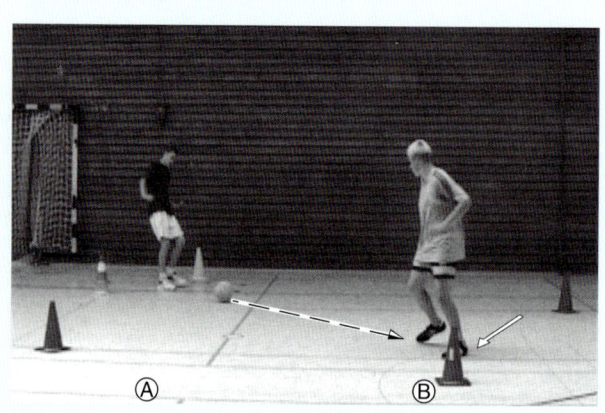

Ⓐ   Ⓑ

A hat die Aufgabe, seinem Partner B den Ball mit dem Fuß aus einem Tor zuzupassen. B stellt sich nach jedem Rückpaß auf einen neuen Zielpunkt.

- Das Tor und die Zielpunkte können durch Pylonen hergestellt werden
- Die Schulterachse von A sollte immer parallel zur Torlinie ausgerichtet sein
- Das Spiel mit der Innenseite sollte bevorzugt werden
- Die Anordnung der Pylonen hängt vom Leistungsniveau ab

HINWEISE

- B stoppt den Ball am Zielpunkt, dribbelt zum nächsten Zielpunkt und von dort erfolgt der Rückpaß *(Fuß – Komplexität: I)*
- B stoppt den Ball am Zielpunkt, dribbelt um diesen Zielpunkt, dann paßt er zurück *(Fuß – Komplexität: I)*
- A umdribbelt beide Torpfosten und paßt den Ball aus der Bewegung zu B *(Fuß – Komplexität: II)*

VARIATIONEN

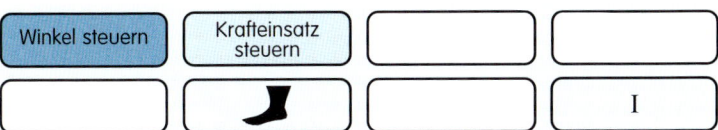

4

Auf eine gegen die Wand angelehnte Weichturnmatte werden verschiedene Zielfelder mit Kreide gezeichnet. Die Spieler haben die Aufgabe, die Bälle aus unterschiedlichen Entfernungen und Richtungen auf die Ziele zu schießen.

- Anstelle der Weichturnmatte kann auch eine Sprossenwand eingesetzt werden
- Die Schußhärte ist weniger wichtig

- Unterschiedliche Bälle pro Station; nach einer bestimmten Zeitspanne werden die Stationen gewechselt *(Fuß – Komplexität: I)*
- Wettkampfform: Zielfelder werden mit unterschiedlichen Punkten belegt *(Fuß – Komplexität: II)*
- Zielwürfe mit starker oder schwacher Hand *(Hand – Komplexität: I)*

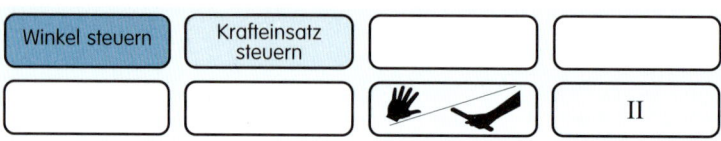

5

Vor mehreren umgedrehten Turnbänken sind im Abstand von ein bis zwei Metern Pylonen in einer Linie aufgestellt. Der Spieler hat die Aufgabe, sich den Ball mit einem Schläger indirekt so zuzuspielen, daß er ihn jeweils zwischen den Pylonen passen und stoppen kann.

HINWEISE

- Die Wahl der Abstände zwischen den Pylonen bestimmt die Steuerung der Winkelzuspiele
- Erst gleiche, dann unterschiedliche Abstände aufstellen
- Zunächst den Ball aus dem Stand, später in der Bewegung spielen

VARIATIONEN

- Die Pylonen müssen quasi als Hindernis umspielt werden *(Schläger – Komplexität: I)*
- Auf beiden Seiten umgekippte Langbänke aufstellen (Gasse); nun sind abwechselnd Vor- und Rückhandpässe gefordert *(Schläger – Komplexität: II)*
- Partnerübung: Der Partner steht jeweils zwischen den nächsten beiden Pylonen und erhält das Zuspiel *(Schläger – Komplexität: II)*

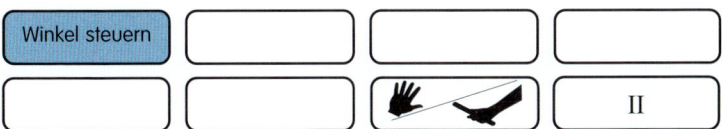

6

Im Abstand von vier bis sechs Metern werden Gymnastikkegel aufgestellt. Die Spieler stehen in einem Pylonentor und versuchen die Kegel zu treffen. Erst wenn alle Kegel umgefallen sind, werden sie erneut aufgestellt.

- Auf Fußstellung und Körperverwringung achten, um Winkelsteuerung einzuhalten
- Keine große Ausholbewegungen zulassen (nicht über Schulterhöhe)

- Mehrere Pylonentore aufstellen, die unmittelbar nacheinander angelaufen werden *(Schläger – Komplexität: II)*
- Die Kegel in einer vorgegebenen Reihenfolge treffen *(Schläger – Komplexität: II)*
- Abstand und Richtung des Pylonentores verändern *(Schläger – Komplexität: III)*
- Mit der Hand rollen oder mit den Füßen schießen *(Hand, Fuß – Komplexität: I)*

Krafteinsatz steuern	Winkel steuern		
✋			I

7

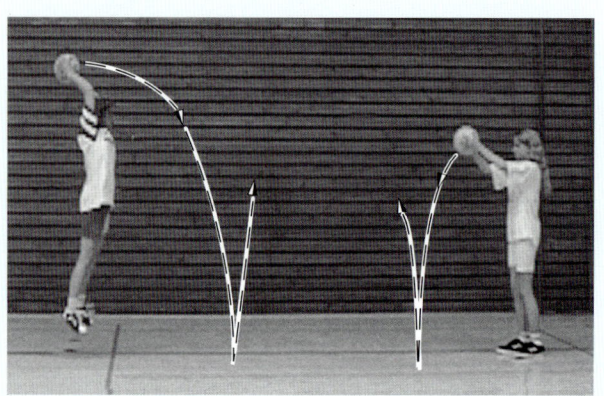

Jeder Spieler hat einen Ball. Die Bälle sollen aus dem Stand oder aus dem Sprung beidhändig so auf den Boden geworfen werden, daß die Bälle nach dem Aufsetzer eine bestimmte Höhe nicht überschreiten.

HINWEISE

- Jeder in der Gruppe bekommt einen anderen Ball.
- Nach einer bestimmten Anzahl von Versuchen werden die Bälle untereinander getauscht

VARIATIONEN

- Verschiedene Prellhöhen vorgeben: Brust-, Kopfhöhe usw. *(Hand – Komplexität: I)*
- Partner gibt mit seinem Ball zunächst die Höhe vor *(Hand – Komplexität: I)*
- Hindernisse überwinden: Pylone, Hürde, gespannte Schnur, Turnbank. Dabei gilt es, das jeweilige Hindernis möglichst knapp zu überwinden *(Hand – Komplexität: II)*
- Einarmige Prellwürfe *(Hand – Komplexität: II)*

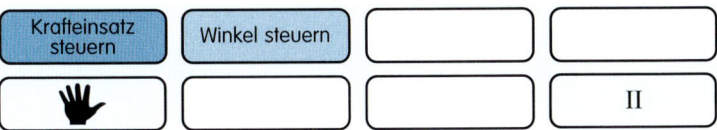

8

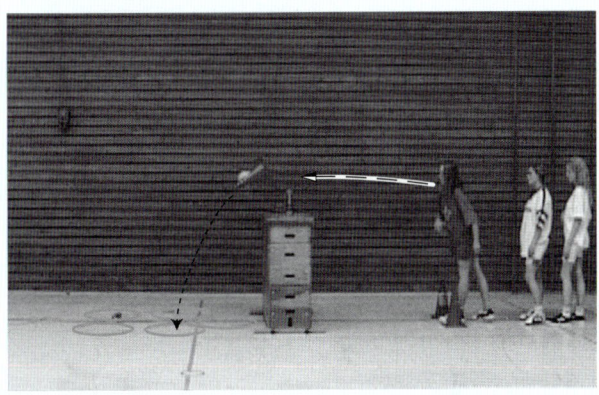

Auf einen Kasten werden verschiedene Gegenstände gestellt. Hinter dem Kasten liegen Gymnastikreifen. Die Spieler stehen in einem Abstand von zwei bis drei Metern vor dem Kasten. Durch unterschiedlich dosiertes Werfen sollen die Gegenstände in bestimmte Bereiche befördert werden.

HINWEISE

- Gegenstände können sein: Papprollen, Tennisballbüchsen, Pylonen, kleine Kartons, Bälle, Kegel usw.
- Anstelle der Gymnastikreifen können auch Kreidelinien gezogen, Kartons aufgestellt oder Hallenlinien einbezogen werden
- Den Abstand zum Kasten nicht zu groß wählen, um die Anforderungen an die Zielgenauigkeit gering zu halten
- Das Einsammeln der Bälle erfolgt auf ein verabredetes Signal

VARIATIONEN

- Zielfeldvorgabe von außen *(Hand – Komplexität: II)*
- Wettkampf zwischen verschiedenen Gruppen *(Hand – Komplexität: II)*

Krafteinsatz steuern	Winkel steuern		
🖐			II

9

Vor einer Wand werden im Abstand von zwei bis zehn Metern Gymnastikreifen in zwei Reihen ausgelegt. Jeweils zwei Spieler starten aus dem nächsten zur Wand gelegenen Gymnastikreifen und haben die Aufgabe, die Bälle so gegen die Wand zu werfen, daß sie die Abpraller – ohne den Reifen zu verlassen – auffangen können. Gelingt dies, kann in den nächsten Reifen gewechselt werden.

HINWEISE

- Wahl der Bälle und der Abstände auf das Könnensniveau der Gruppe ausrichten
- Läßt sich gut als Wettkampf oder als Bestandteil einer Staffel einsetzen

VARIATIONEN

- Einarmige direkte oder indirekte Würfe *(Hand – Komplexität: III)*
- Treffläche an der Wand vorgeben *(Hand – Komplexität: III)*
- Rückwärtswürfe gegen die Wand, 180°-Drehung und fangen *(Hand – Komplexität: III)*
- Fangposition variieren: Brust-, Kopfhöhe, im Sprung, einarmig
- Mit geschlossenen Augen werfen *(Hand – Komplexität: III)*
- Spannstöße gegen die Wand *(Fuß – Komplexität: III)*

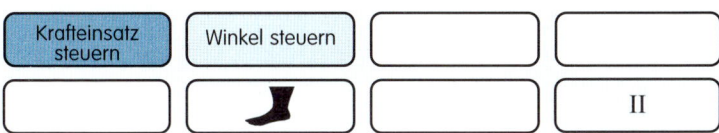

Krafteinsatz steuern	Winkel steuern		
	🧦		II

10

Ⓐ   Ⓑ

Zwei Spieler stehen sich gegenüber. A steht hinter einer Abstoßlinie, auf der unterschiedliche Bälle liegen. B steht auf Höhe einer Pylone und wechselt nach dem Rückspiel zu einer anderen Pylone. A spielt nacheinander mit dem Fuß einen anderen Ball zu B, so daß dieser ihn sicher mit der Fußsohle stoppen kann.

HINWEISE

- Diese Aufgabenstellung verlangt entsprechend großen Spielraum für die Pylonenabstände, um gleichermaßen langsame wie auch harte, schnelle Anspiele zu fördern
- Nach einer bestimmten Anzahl von Pässen werden die Positionen getauscht

VARIATIONEN

- Unterschiedliche Zuspielarten: Innen- und Außenseite, Spann, links-rechts, Würfe, Schläger *(Hand, Fuß, Schläger – Komplexität: II)*

Krafteinsatz steuern	Winkel steuern		
	👣		II

11

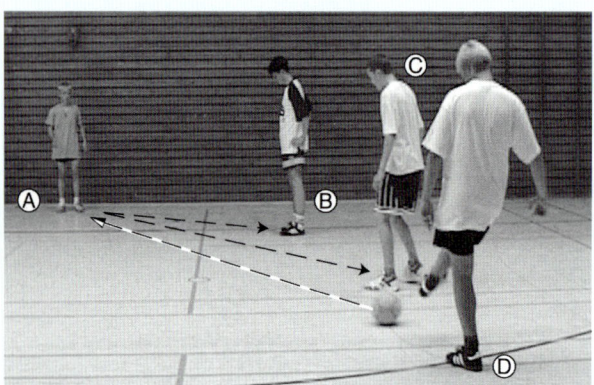

In einer Gruppe von drei bis fünf Spielern steht A auf einer festen Zuspielerposition. Die Spieler B, C und D stehen in unterschiedlichen Entfernungen und Richtungen zu A. A paßt mit dem Fuß zu B, der den Ball zurückspielt, dann spielt A zu C, der wiederum zu A zurückspielt usw. Erhält schließlich A von D den Ball, läßt er den Ball liegen und alle Spieler tauschen ihre Positionen im Uhrzeigersinn.

HINWEISE

• Die Pässe müssen so zielgenau und dosiert erfolgen, daß ein kontrolliertes Stoppen des Balles möglich ist
• Für die Spielpositionen können Pylonen eingesetzt werden

VARIATIONEN

• B, C und D haben jeder einen Ball und versuchen, nacheinander auf A zu spielen, daß die Bälle so nahe wie möglich vor A liegen bleiben *(Fuß – Komplexität: I)*
• Die Spieler B, C und D bewegen sich in bestimmten Spielzonen *(Fuß – Komplexität: II)*
• Nach jedem Wechsel wird ein anderer Spielball einbezogen *(Fuß – Komplexität: II)*
• Zuspielvarianten: Innen- und Außenseite, Spann, direkte und indirekte Würfe, Schläger *(Hand, Fuß, Schläger – Komplexität: II)*

Krafteinsatz steuern	Winkel steuern		
			II

12

Zwei Spieler mit einem Ball stehen sich gegenüber. Der Abstand zueinander wird durch mehrere Pylonen vorgegeben, wobei A immer die gleiche Position beibehält und B sich nach jedem Rückspiel auf die Höhe
einer anderen Pylone begibt. Die Spieler haben nun die Aufgabe, sich
den Ball mit den Schlägern bei fortlaufend neuen Entfernungen zielgenau zuzupassen.

HINWEISE

- Den Abstand der Pylonen durchaus groß wählen, damit die Steuerung des Krafteinsatzes wirksam wird

VARIATIONEN

- Im Wechsel Vor- und Rückhandpässe *(Hand – Komplexität: II)*
- „Schwache" Hand einsetzen *(Hand – Komplexität: III)*
- Körperteile für das Passen variieren: Hand, Kopf, Fuß, Faust
  (Hand, Fuß, Schläger – Komplexität: II)

Spielpunkt bestimmen	Winkel steuern	Krafteinsatz steuern	
✋			III

13

Ein Spieler hält in jeder Hand einen Ball. Einen Ball hoch gegen die Wand werfen und diesen mit dem zweiten, der fest in den Händen gehalten wird, an die Wand zurückspielen. Diesen Abpraller wieder auffangen.

HINWEISE

- Unterschiedlich große Bälle berücksichtigen
- Als Wettkampfform geeignet: Wer schafft zwei, drei usw. Wiederholungen hintereinander?

VARIATIONEN

- Mit Zwischenaufsetzer des abprallenden Balles *(Hand – Komplexität: III)*
- Zielpunkte an der Wand ansteuern *(Hand – Komplexität: III)*
- Abstand zur Wand variieren *(Hand – Komplexität: III)*
- Partneraufgabe: Jeder hält einen Ball in den Händen, währenddessen wird ein dritter Ball hin und her gespielt *(Hand – Komplexität: III)*
- Jeden zweiten Abpraller mit dem Fuß oder Kopf zurückspielen *(Hand, Fuß, Kopf – Komplexität: III)*

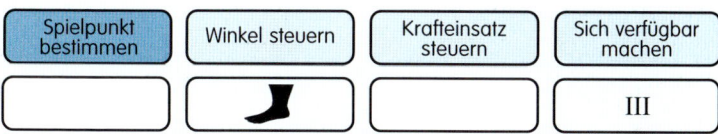

Spielpunkt bestimmen	Winkel steuern	Krafteinsatz steuern	Sich verfügbar machen
	🦶		III

14

Einen Ball gegen die Wand werfen, zum abprallenden Ball orientieren und den Ball mit dem Fuß an die Wand zurückspielen. Den Ball in einer bestimmten Höhe fangen.

HINWEISE

- Den Abstand zur Wand beachten
- Die Fanghöhe sollte vorher bestimmt werden (Knie-, Brust-, Kopf-, Überkopfhöhe)

VARIATIONEN

- Mehrmaliges Spielen gegen die Wand *(Fuß – Komplexität: III)*
- „Schwachen" Fuß berücksichtigen und zwischen Innenseite und Spann wechseln *(Fuß – Komplexität: III)*
- Aus verschiedenen Körperpositionen den Ball gegen die Wand werfen: im Sprung, aus der Knie- oder Sitzstellung, rückwärts usw. *(Hand – Komplexität: III)*

Spielpunkt bestimmen	Zuspielrichtung und -weite	Winkel steuern	Krafteinsatz steuern
	🧦		III

15

Vor einer Wand befindet sich ein Tor, das mittels einer Weichturnmatte mit aufgezeichneten Zielfeldern oder übereinandergestapelten Kleinkästen hergestellt wird. A rollt die Bälle quer zum Tor an. Die übrigen Spieler haben die Aufgabe, den Ball, das Tor und gegebenenfalls das Zielfeld im Tor zu treffen.

HINWEISE

- Für A sollte ein mit unterschiedlichen Bällen gefüllter Ballwagen zur Verfügung stehen
- Die Gruppen nicht zu groß besetzen, damit die Aktionshäufigkeit nicht leidet
- Den Abstand zum Tor beachten

VARIATIONEN

- Zwei Bälle hintereinander von jedem Spieler schießen lassen *(Fuß – Komplexität: III)*
- „Schwachen" Fuß einsetzen *(Fuß – Komplexität: III)*
- Die Geschwindigkeit des anrollenden Balles variieren *(Fuß – Komplexität: III)*
- Alle Spieler haben einen Schläger *(Schläger – Komplexität: III)*

Spielpunkt bestimmen	Winkel steuern	Krafteinsatz steuern	
			II

16

Einen Ball hoch gegen die Wand werfen. Den abprallenden Ball mit dem Kopf zurückspielen.

HINWEISE

- Abstand zur Wand beachten
- Markierungen für die Treffpunkte an der Wand anbringen und die beabsichtigten Spielpunkte vorher ansagen
- Bevorzugt Softbälle einsetzen

VARIATIONEN

- Vor dem einmaligen Kopfballspiel eine Zusatzaufgabe verlangen: Händeklatsch, Drehungen usw. *(Kopf – Komplexität: III)*
- Kontinuierliches Kopfballspiel als Wettkampfform: Zeit oder Anzahl der Kopfkontakte *(Kopf – Komplexität: III)*
- Unterschiedliche Körperteile mit oder ohne vorgegebene Reihenfolge: Fuß, Oberschenkel, Faust, Hand *(Hand, Fuß, Schlaghand – Komplexität: III)*

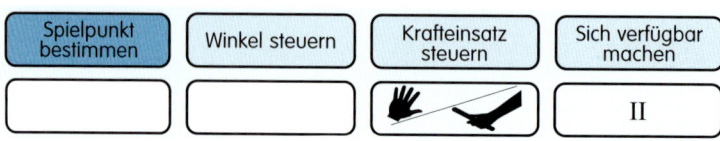

17

Einen Ball gegen die Wand spielen, den zurückprallenden Ball einmal aufsetzen lassen und mit der offenen Hand zurückspielen.

HINWEISE

- Als Wettkampf gut geeignet: Wer schafft wie viele Wiederholungen – ohne Verlust der Ballkontrolle – in einer bestimmten Zeitspanne?
- Nicht zu schwere oder zu harte Bälle einsetzen
- Seitliche Stellung zum anfliegenden Ball bevorzugen

VARIATIONEN

- Treffzonen an die Wand zeichnen *(Schlaghand – Komplexität: II)*
- Verschiedene Kontaktflächen der Schlaghand: Faust, Handrücken, links-rechts *(Schlaghand – Komplexität: III)*
- Ball darf den Boden nicht berühren *(Schlaghand – Komplexität: III)*
- Tischtennis- oder Tennisschläger, Speckbretter mit entsprechenden Bällen *(Schläger – Komplexität: II)*

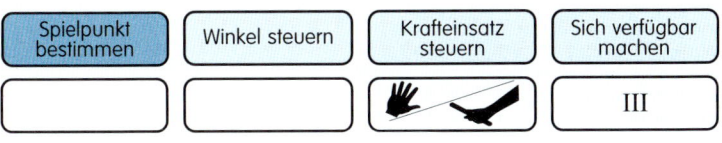

Spielpunkt bestimmen	Winkel steuern	Krafteinsatz steuern	Sich verfügbar machen
			III

18

An die Wand werden verschiedene Treffzonen gemalt, die von unten nach oben wie eine Leiter angeordnet sind. In einem Abstand von drei bis fünf Metern wirft sich der Spieler den Ball an und schlägt diesen mit der offenen und angespannten Hand auf einen dieser Treffpunkte.

HINWEISE

- Es empfiehlt sich, eine mittlere Schrittstellung einzunehmen, d. h. das linke Bein ist bei Rechtshändern vorgestellt
- Ballanwurf entscheidet in hohem Maße über das Gelingen dieser Aufgabe
- Die Treffzonen von unten nach oben bzw. umgekehrt nacheinander anspielen
- Leichte Bälle bevorzugen

VARIATIONEN

- Im Sitzen und mit kürzerem Abstand zur Wand *(Schlaghand – Komplexität: II)*
- „Schwache" Hand berücksichtigen *(Schlaghand – Komplexität: III)*

19

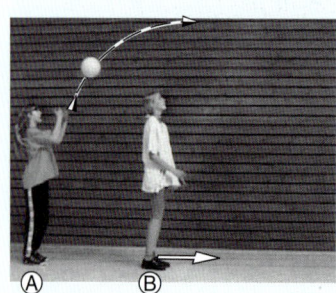 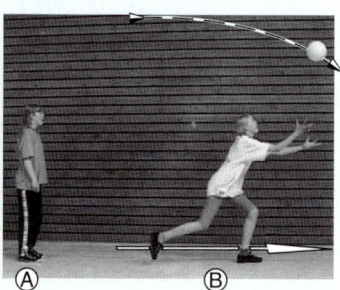

A steht etwa zwei Meter hinter B und wirft den Ball in einem hohen Bogen über B hinweg. B läuft dem Ball nach und fängt diesen sicher im Stand. Danach erfolgt der Rollentausch.

HINWEISE

- Schwerpunkt liegt auf einem angemessenen, d. h. gerade noch lösbaren Zuspiel
- Zur Erleichterung am Anfang mit hohen Zuwürfen probieren lassen
- In Längsausrichtung der Halle und im Umlaufbetrieb einer Dreiergruppe ratsam

VARIATIONEN

- B startet aus verschiedenen Körperstellungen: Bauchlage, Hokke, Skipping usw. *(Hand – Komplexität: II)*
- Fangvarianten: einhändig, Höhe, Körperstellung usw. *(Hand – Komplexität: III)*
- A wirft oder schlägt den Ball als Aufsetzer über B hinweg *(Hand, Schlaghand – Komplexität: II)*

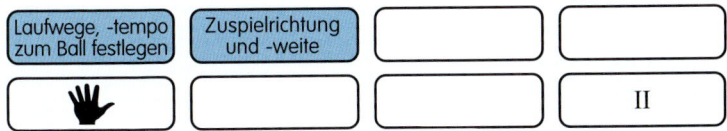

Laufwege, -tempo zum Ball festlegen	Zuspielrichtung und -weite		
✋			II

20

A und B haben jeder einen Ball, stehen mit dem Rücken zueinander und werfen sich die Bälle auf ein Signal gleichzeitig über den Kopf zu. Die Richtung und die Länge der Bälle sollen dabei variieren. A und B drehen sich um, orientieren sich und fangen die jeweils vom Partner zugeworfenen Bälle.

HINWEISE

- Den Abstand zueinander so wählen, daß der Zeitdruck nicht zu groß wird
- Signale verabreden lassen

VARIATIONEN

- Veränderung der Ausgangsstellung: aus der Hocke, aus dem Sitzen *(Hand – Komplexität: III)*
- Variation des Fangens: im Sprung, im Sitzen, einhändig *(Hand – Komplexität: III)*
- Vor dem Fangen eine Zusatzaufgabe lösen: Hampelmannsprung, Händeklatsch-Variationen usw. *(Hand – Komplexität: III)*

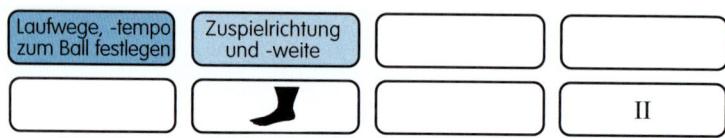

21

A steht etwa zwei Meter hinter B und spielt den Ball mit einem Spann-
stoß über B hinweg. B orientiert sich zum Ball und stoppt diesen so
schnell wie möglich mit der Sohle. Danach erfolgt der Rollentausch.

HINWEISE

- Hohe Flugkurven erlauben größere Wahrnehmungsanteile und
  verringern den Zeitdruck
- Anzahl der Bodenkontakte des Balles, bevor dieser gestoppt wird,
  allmählich verringern
- Genügend Spielraum für die Gesamtgruppe beachten

VARIATIONEN

- Unterschiedliche Startpositionen von A und B: auf einer Linie,
  versetzt hintereinander, gegenüber *(Fuß – Komplexität: II)*
- Anweisung variieren: längster versus kürzester Weg zum Stoppen *(Fuß – Komplexität: III)*
- Fortbewegung von B verändern: ein- oder beidbeinig hüpfen, überholen und vor dem Stoppen 180°-Drehung usw. *(Fuß – Komplexität: III)*

Laufwege, -tempo zum Ball festlegen	Zuspielrichtung und -weite		
	⚫		II

22

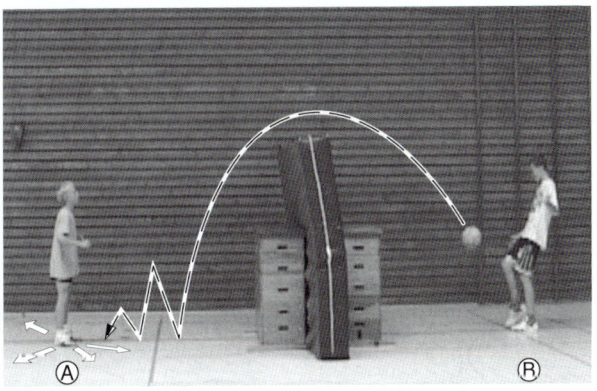

A und B stehen sich in einem Abstand von fünf bis acht Metern gegenüber. Zwischen ihnen wird eine Weichturnmatte als „Sichtblende" aufgestellt. B schießt den Ball mit variabler Richtung und Länge über die Matte. A orientiert sich und versucht, den Ball nach ein- oder mehrmaligen Aufsetzern mit der Sohle zu stoppen. Dann schießt A den Ball über die Matte.

HINWEISE

- Zwischenaufsetzer allmählich reduzieren
- Weichturnmatte mit Kästen abstützen
- A signalisiert seine Bereitschaft für den Beginn der Aufgabe

VARIATIONEN

- Unterschiedliche Flug- und Prelleigenschaften von Bällen berücksichtigen *(Fuß – Komplexität: II)*
- A nimmt den Ball zunächst mit der Brust an *(Fuß – Komplexität: III)*
- B wirft und A fängt *(Hand – Komplexität: II)*

Laufwege, -tempo zum Ball festlegen	Zuspielrichtung und -weite	Krafteinsatz steuern	
	🦶		II

23

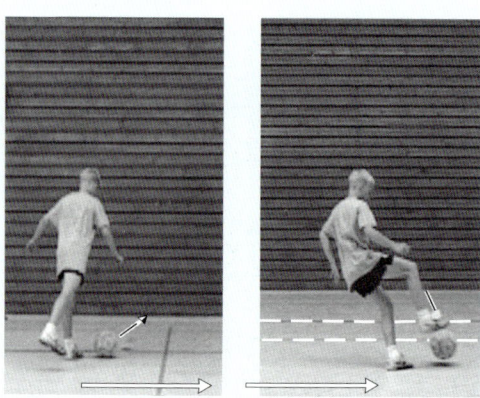

Einen Ball gegen eine Wand schießen und den zurückspringenden Ball in einer vorgegebenen Zone mit dem Fuß stoppen. Der Abstand des Spielers zur Wand beträgt etwa drei bis fünf Meter.

HINWEISE

- Die Größe der Stoppzonen richtet sich nach dem Könnensstand der Spieler

VARIATIONEN

- Unterschiedliche Bälle einsetzen *(Fuß – Komplexität: II)*
- Unterschiedliche Schußarten: flach, hoch, Innenseite, Spann *(Fuß – Komplexität: III)*
- Abstand zur Wand variieren: Winkel, Entfernung *(Fuß – Komplexität: III)*
- Unebene Flächen benutzen: Sprossenwand, Kastenwand *(Fuß – Komplexität: III)*
- Mit der Hand werfen und fangen *(Hand – Komplexität: II)*

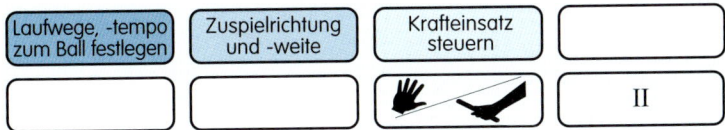

Laufwege, -tempo zum Ball festlegen	Zuspielrichtung und -weite	Krafteinsatz steuern	
			II

24

Ein Spieler steht im Abstand von drei bis vier Metern vor einer umgekippten Turnbank (Sitzfläche zeigt zum Spieler). Er hat die Aufgabe, den Ball mit dem Schläger an die Turnbank zu spielen und danach diesen indirekten Ball in einer bestimmten Zone mit dem Schläger zu stoppen.

HINWEISE

- Die Stoppzonen können durch Pylonen oder Linien hervorgehoben werden
- Die Stoppzonen selbst festlegen lassen oder von außen vorgeben

VARIATIONEN

- Krafteinsatz variieren *(Schläger – Komplexität: II)*
- Vor- und Rückhandschlagen sowie Vor- und Rückhandstoppen variieren *(Schläger – Komplexität: III)*
- Vor dem Stoppen eine Zusatzaufgabe verlangen: um eine Markierung laufen usw. *(Schläger – Komplexität: III)*
- Partner versucht zu stören *(Schläger – Komplexität: III)*

Sich verfügbar machen	Laufwege beobachten	Winkel steuern	Krafteinsatz steuern
✋			II

25

Ⓐ　　　　　Ⓑ

Vor einer Wand werden mehrere Kästen plaziert. An beiden Enden der Kastenreihe werden Pylonen für Start und Ziel aufgestellt. Vor den Kästen befinden sich im Abstand von vier bis fünf Metern Pylonen, die als „Abwurflinie" dienen. Hinter dieser Abwurflinie stehen die Werfer (nur B im Fotoausschnitt) mit jeweils einem Ball. Sie haben die Aufgabe, Spieler A zu treffen. A ist bestrebt, vom Start zum Ziel ohne Treffer zu gelangen, wobei die Kästen als Schutz benutzt werden können.

HINWEISE

- Der Abstand der Kästen zur Wand ist relativ dicht, damit die von der Wand abprallenden Bälle wieder schnell zur Verfügung stehen
- Für die Organisation kann eine ganze Hallenseite einbezogen werden (Foto stellt nur einen Ausschnitt dar)
- Weiche Bälle einsetzen (z. B. Softbälle)

VARIATIONEN

- Gruppenwettkampf: Innerhalb einer bestimmten Zeitspanne gilt es, so viele Punkte wie möglich zu sammeln. Wer ohne Treffer vom Start ins Ziel gelangt, erhält einen Punkt; danach erfolgt der Rollentausch *(Hand – Komplexität: II)*
- Nur indirekte Treffer zählen *(Hand – Komplexität: III)*

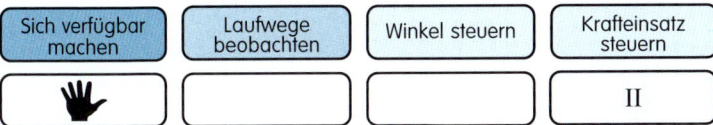

Sich verfügbar machen	Laufwege beobachten	Winkel steuern	Krafteinsatz steuern
🖐			II

26

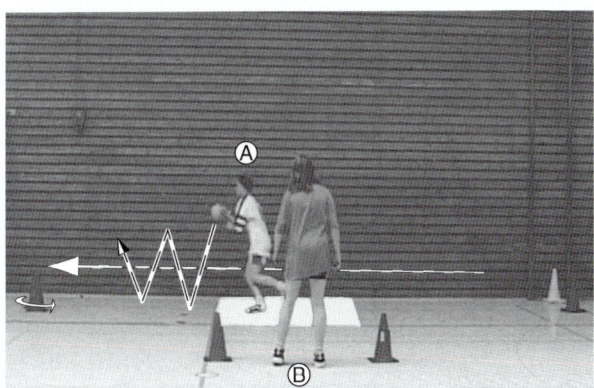

A läuft von einer Startmarkierung los und soll in einer Anspielzone den von B zugeworfenen Ball in der Bewegung fangen. Dann prellt A den Ball um eine weitere Markierung, paßt zu B und begibt sich wieder zur Ausgangsposition.

HINWEISE
- Die Anspielbereitschaft durch die Außenhand signalisieren
- Zuspieler kann einen Ballbehälter mit unterschiedlichen Bällen benutzen
- Nach einer bestimmten Anzahl von Durchgängen erfolgt der Rollentausch

VARIATIONEN
- Anspielzone variieren *(Hand – Komplexität: II)*
- B steht mit dem Rücken zu A, dreht sich nach Zuruf von A um und paßt sofort den Ball zu *(Hand – Komplexität: III)*
- Zuspiel variieren: Aufsetzer, einhändig, links-rechts, im Sprung usw. *(Hand – Komplexität: III)*

Sich verfügbar machen	Laufwege beobachten	Winkel steuern	Krafteinsatz steuern
🖐			III

27

Es werden zwei Gruppen gebildet. Die Gruppe A befindet sich innerhalb, Gruppe B außerhalb eines gekennzeichneten Spielfeldes (Foto stellt nur einen Ausschnitt dar). B versucht, durch Treffen der Spieler aus der Gruppe A Punkte zu erzielen. Wird jedoch ein Ball von A gefangen, ergibt dies ein Punktabzug für B. Einen weiteren Punkt kann A erzielen, wenn es der Gruppe ihrerseits gelingt, Spieler von B abzuwerfen.

HINWEISE

- Die Bewegungsaufgabe ist an das „Völkerballspiel" angelehnt
- Zuspiele untereinander in der Gruppe sind möglich, um eine günstige Abwurfgelegenheit herauszuspielen
- Auf das Übertreten der Spielfeldlinien achten
- Abwurfregeln (Standort, Ausführung usw.) vereinbaren
- Rollentausch nach einer zuvor festgelegten Zeit oder einem bestimmten Punktestand

VARIATIONEN

- Anzahl der Bälle und Spielfeldseiten mit Abwurfrecht variieren *(Hand – Komplexität: III)*
- Kästen zum Schutz des Abwerfens in das Spielfeld stellen *(Hand – Komplexität: III)*

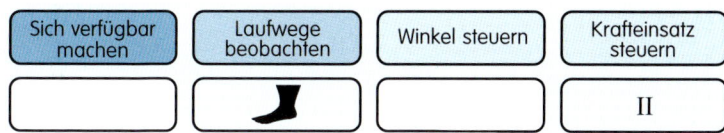

Sich verfügbar machen	Laufwege beobachten	Winkel steuern	Krafteinsatz steuern
			II

28

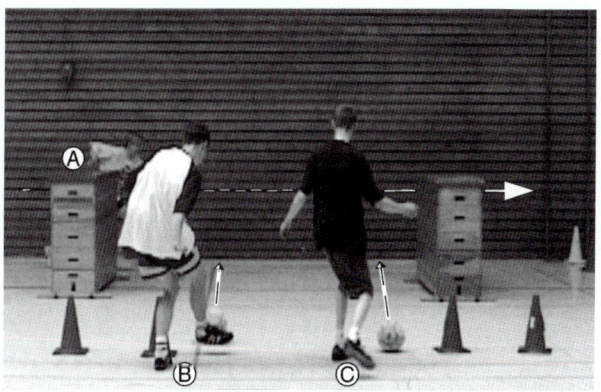

Vor einer Wand werden mehrere Kästen plaziert. An beiden Enden der Kastenreihe stehen Pylonen als Start- und Zielmarkierungen. Im Abstand von vier bis sechs Metern vor den Kästen wird eine Hallenlinie als Abschußlinie festgelegt. A ist bestrebt, vom Start ins Ziel zu gelangen, ohne getroffen zu werden. B, C und die übrigen Spieler bemühen sich, A abzuschießen.

HINWEISE

- Auf der Abschußlinie können auch Pylonen sein, um das Schießen zu erschweren und zugleich das Übertreten beim Schießen hervorzuheben
- Weiche Bälle verwenden (z. B. Softbälle)

VARIATIONEN

- Abstand der Kästen zueinander variieren *(Fuß – Komplexität: II)*
- Abstand von der Abschußlinie zu den Kästen verändern *(Fuß – Komplexität: II)*
- Bei größeren Gruppen wird den Spielern entlang der Abschußlinie jeweils eine bestimmte Zone zugewiesen *(Fuß – Komplexität: II)*

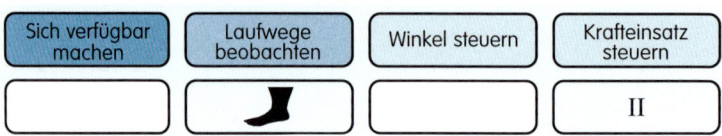

Sich verfügbar machen	Laufwege beobachten	Winkel steuern	Krafteinsatz steuern
	🧦		II

29

A läuft zwischen zwei Markierungen hin und her. B versucht, den Ball mit dem Fuß so zu A zu passen, daß dieser den Ball in der Anspielzone annehmen kann. A umdribbelt die Markierung und führt den Ball auf die Zuspielposition, währenddessen ist B auf die Ausgangsposition von A gelaufen.

HINWEISE

- Unterschiedliche Bälle verwenden, um das Erfühlen eines „lockeren" Spielbeines beim Annehmen und Führen des Balles zu fördern

VARIATIONEN

- Zuspiel variieren: Innenseite, Außenseite, Spann *(Fuß – Komplexität: III)*
- Abstand von der Zuspielposition zur Anspielzone vergrößern *(Fuß – Komplexität: III)*
- Fortbewegungsart von der Markierung zur Anspielzone verändern: rückwärts, Hopserlauf, einbeinig usw. *(Fuß – Komplexität: III)*

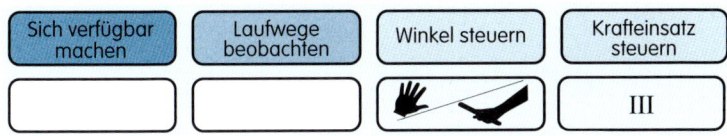

Sich verfügbar machen	Laufwege beobachten	Winkel steuern	Krafteinsatz steuern
		🖐 ➤	III

30

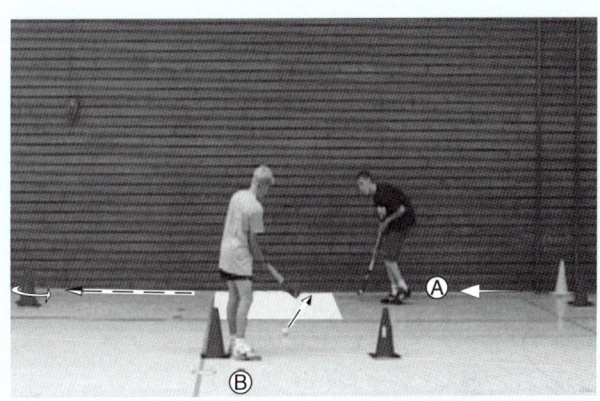

Zwischen zwei Markierungen wird mittels Pylonen eine Anspielzone hervorgehoben. A läuft zwischen den Markierungen hin und her. B bemüht sich, den Ball mit dem Schläger so zu A zu passen, daß dieser den Ball in der Anspielzone annehmen kann. A umdribbelt die Markierung und paßt auf B zurück.

HINWEISE

- Der Ball soll entweder in ständigem Kontakt mit dem Schläger bleiben oder mit möglichst wenigen Treibschlägen geführt werden
- Ballannahme mittig vor dem Körper, wobei der Schläger zum Körper geneigt wird, um eine weiche Annahme zu ermöglichen

VARIATIONEN

- Zuspielposition von B in der Tiefe und Breite verändern *(Schläger – Komplexität: III)*
- Anzahl der Anspielzonen und Zuspieler in der Laufstrecke zwischen zwei Markierungen erhöhen *(Schläger – Komplexität: III)*

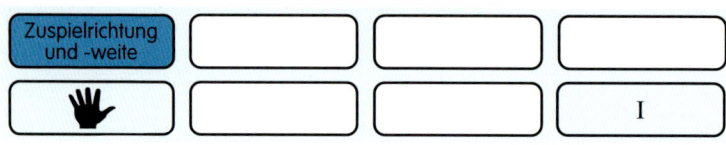

Zuspielrichtung und -weite

31

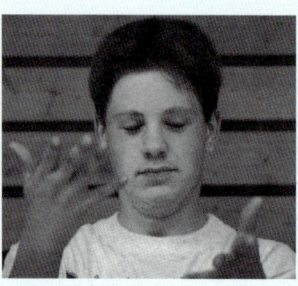

Einen Ball hoch in die Luft werfen und bevor der Scheitelpunkt der Flugkurve erreicht ist: Augen schließen. In die Hände klatschen, wenn man glaubt, daß der Ball auf den Boden prallt. Den Ball im Stand fangen.

- Abstand der Übenden zueinander beachten
- Ein Spielpartner überprüft das „Timing"
- Viele unterschiedliche Bälle einsetzen

HINWEISE

- Den Ball Überkopf nach hinten werfen *(Hand – Komplexität: I)*
- Mit dem Fuß/den Füßen stampfen *(Hand – Komplexität: I)*
- Weitere Bodenkontakte mit Händeklatschen begleiten *(Hand – Komplexität: II)*

VARIATIONEN

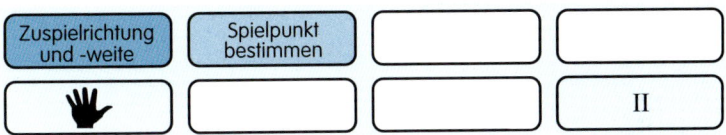

32

Einen Ball hochwerfen und danach eine Hand so auf den Boden legen, daß der Ball anstelle vom Boden nunmehr vom Handrücken abprallt. Daraufhin soll – sofern es noch gelingt – der Ball gefangen werden.

HINWEISE

- Volley- oder Gymnastikbälle und Luftballons eignen sich
- Die Hand hat immer Bodenkontakt und soll angespannt werden

VARIATIONEN

- Nur die Faust hat Bodenkontakt *(Hand – Komplexität: II)*
- Rückwärts werfen, drehen und orientieren *(Hand – Komplexität: III)*
- Wechselseitig links-rechts *(Hand – Komplexität: III)*

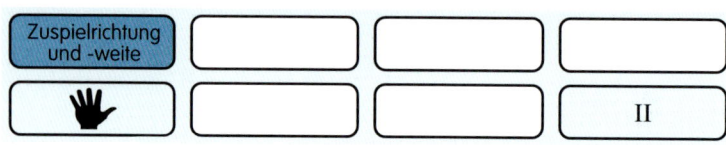

33

Einen Ball gegen die Wand werfen und den auf den Boden prellenden Ball in einer Grätsche überspringen. Danach eine 180°-Drehung machen und den Ball vor dem nächsten Bodenkontakt fangen.

HINWEISE

- Für das Gelingen dieser „Kunststücke" ist die Wahl des Balles entscheidend; ein kleinerer Ball ist zunächst zu bevorzugen
- Timing des Absprunges ist wichtig
- Mit hohem Anwurf beginnen

VARIATIONEN

- Abstand zur Wand verändern *(Hand – Komplexität: III)*
- Ball rückwärts werfen, 180°-Drehung und zum Ball orientieren *(Hand – Komplexität: III)*
- Ball rückwärts durch die gegrätschten Beine gegen die Wand werfen, 180°-Drehung und orientieren *(Hand – Komplexität: III)*
- Im engen Abstand zur Wand den Ball aus der Rückenhalte gegen die Wand werfen, 180°-Drehung und orientieren *(Hand – Komplexität: III)*

Zuspielrichtung und -weite			
✋			II

34

(A)

A wirft einen Ball sehr hoch über eine größere Distanz in ein vier- oder sechsteiliges Gitterfeld. Die übrigen Spieler müssen nun per Zuruf oder Fingeranzeige angeben, wo der Ball wahrscheinlich auftreffen wird.

HINWEISE

- Die Entscheidung über den Auftreffpunkt soll kurz vor dem Zenit der Ballflugkurve erfolgen
- Pylonen, Kreidestriche oder Hallenlinien für das Gitterfeld benutzen

VARIATIONEN

- A schießt einen Ball mit dem Fuß in die Luft *(Fuß – Komplexität: II)*
- Die Spieler laufen in das Auftreffeld *(Hand, Fuß – Komplexität: II)*
- Eine Körperposition (Sitz, einbeinig, Armhochhalte usw.) jeweils für eine Auftreffzone bestimmen *(Hand, Fuß – Komplexität: II)*
- Unterschiedliche Gitterfelder verwenden *(Hand, Fuß – Komplexität: II)*
- Abstand von A zum Gitterfeld verändern *(Hand, Fuß – Komplexität: II)*
- Beobachtungsposition wechseln: frontal, mit dem Rücken zum fliegenden Ball *(Hand, Fuß – Komplexität: III)*

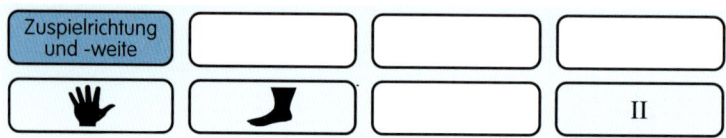

35

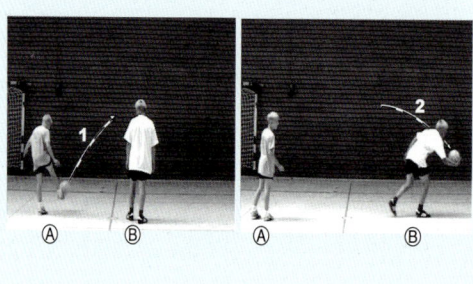

A spielt den Ball mit dem Fuß gegen die Wand. Diesen Wandabpraller versucht B direkt – also ohne Bodenkontakt – zu fangen.

HINWEISE

- A und B stehen seitlich versetzt und in unterschiedlicher Entfernung frontal zur Wand
- A spielt drei unterschiedliche Bälle nacheinander gegen die Wand, dann erfolgt der Rollentausch

VARIATIONEN

- Zuspiel gegen die Wand variieren: direkte bzw. indirekte Würfe, mit nicht-dominantem Fuß usw. *(Hand, Fuß – Komplexität: II)*
- Höhe und Härte variieren *(Hand, Fuß – Komplexität: II)*
- Abstand der Spieler zur Wand verändern *(Hand, Fuß – Komplexität: II)*
- B steht zunächst mit dem Rücken zur Wand und auf Zuruf von A – in der Regel nach seinem Ballkontakt – soll sich B umdrehen *(Hand, Fuß – Komplexität: III)*

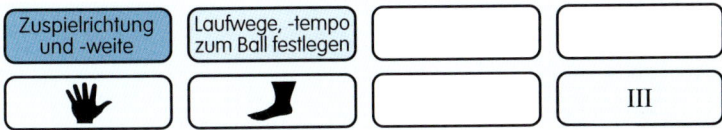

36

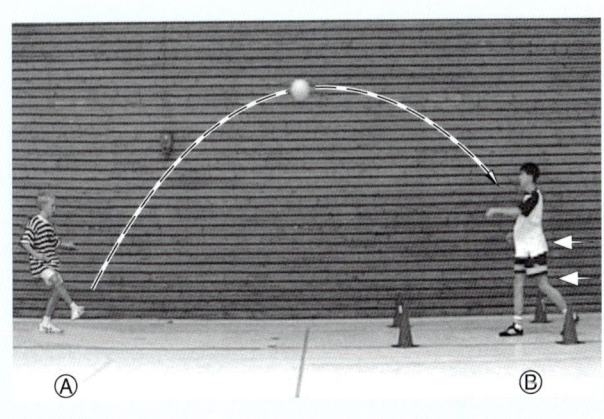

Ⓐ   Ⓑ

A schießt mit dem Fuß den Ball aus einer größeren Distanz hoch in einen bestimmten Bereich. B darf nur vier Schritte machen, um den Ball in einer Anspielzone zu fangen.

HINWEISE

- B zählt seine Schritte laut mit
- Pylonen oder Hallenlinien für die Anspielzone verwenden
- Rollentausch nach Zeit oder nach einer bestimmten Anzahl erfolgreicher Versuche

VARIATIONEN

- Zur Erleichterung: Aufsetzer zulassen *(Hand, Fuß – Komplexität: II)*
- Schrittzahl verändern *(Hand, Fuß – Komplexität: III)*
- Zum Ball springen *(Hand, Fuß – Komplexität: III)*
- Fangpositionen variieren: Überkopf, hinter dem Rücken, einhändig usw. *(Hand, Fuß – Komplexität: III)*
- Ausgangsposition von B wechseln *(Hand, Fuß – Komplexität: III)*
- Annehmen des Balles variieren: Brust, Sohle, Oberschenkel *(Hand, Fuß – Komplexität: III)*

Abwehrposition vorwegnehmen	Laufwege beobachten	Winkel steuern	
✋			II

37

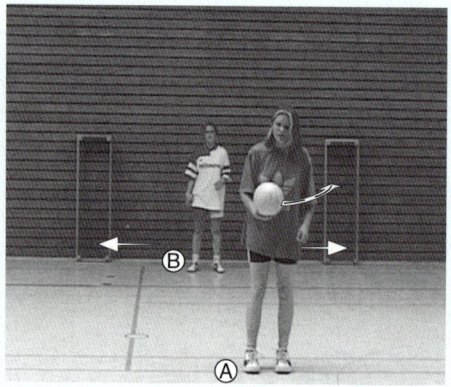

Zwei hochgestellte offene Kastenteile werden als Tore verwendet. Im Abstand von ein bis zwei Metern steht B zwischen den Toren. A steht mit dem Rücken zu B. Wenn A sich mit dem Ball dreht, entscheidet sich B und deckt ein Tor ab. A muß den Ball sofort auf das ungedeckte Tor werfen.

- Für die Tore können auch Turnmatten eingesetzt werden

HINWEISE

- Gruppenaufgabe: Stationsbetrieb mit unterschiedlichen Bällen und Punktewertung *(Hand – Komplexität: II)*
- Distanz der Tore verändern *(Hand – Komplexität: II)*
- Torwurf variieren: einhändig, indirekt, links-rechts, mit einem Schläger *(Hand, Schläger – Komplexität: III)*

VARIATIONEN

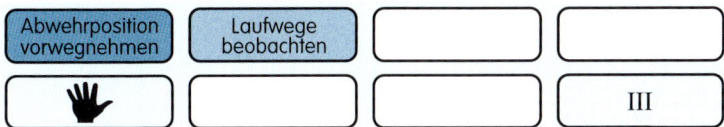

38

Ⓐ   Ⓑ   Ⓒ

Es werden drei Spielzonen festgelegt. In jeder Spielzone befindet sich ein Spieler. A und C haben die Aufgabe, sich den Ball zuzuwerfen. B versucht dies zu verhindern, ohne die Spielzone zu verlassen.

HINWEISE

- Spielzonen können durch Pylonen, Kreidelinien oder Spielfeldlinien bestimmt werden
- Bogenpässe sind verboten

VARIATIONEN

- Nach jedem Wechsel (Zeit oder abgefangener Ball) wird ein anderer Ball benutzt *(Hand – Komplexität: III)*
- Zwei Spieler in der mittleren Zone *(Hand – Komplexität: III)*
- Abstände zwischen A, B und C verändern *(Hand – Komplexität: III)*
- Zuspiele variieren: indirekt, einhändig usw. *(Hand – Komplexität: III)*

Abwehrposition vorwegnehmen	Winkel steuern		
	👣		II

39

A, B und C stellen sich in einem Dreieck auf. B paßt mit dem Fuß den Ball auf A. Unmittelbar bevor A diesen Paß erhält, dreht sich entweder B oder C – auf Verabredung – um. A muß den Ball direkt auf denjenigen spielen, der ihm nicht den Rücken zuwendet. Nach einer bestimmten Anzahl von Versuchen erfolgt untereinander der Rollentausch.

HINWEISE

- Langsame, „weiche" Pässe bevorzugen
- Erst wenn die Absprache zwischen B und C getroffen ist, erfolgt der Paß auf A

VARIATIONEN

- Anstelle der Drehung wird der Arm hochgehoben oder ein Zuruf erfolgt *(Fuß – Komplexität: II)*
- Zuspiel variieren: Innenseite, Außenseite, Spann, links-rechts *(Fuß – Komplexität: II)*
- B und C verändern ihre Ausgangsposition *(Fuß – Komplexität: II)*

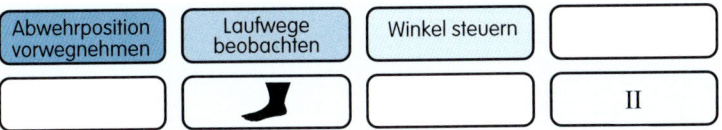

Abwehrposition vorwegnehmen	Laufwege beobachten	Winkel steuern	
	👣		II

40

Zwei kleine Kästen werden als Tore aufgestellt. A übernimmt die Rolle des Schützen, B die des Torwartes. B muß sich kurz vor dem Schuß des ruhenden Balles entscheiden, welches Tor er abdeckt. A versucht dies zu antizipieren und schießt den Ball auf das ungedeckte Tor. Nach fünf Torversuchen werden die Rollen getauscht.

HINWEISE

- Der Abstand zwischen den Toren beträgt etwa zwei bis drei Meter

VARIATIONEN

- Abstand von A zu B verändern *(Fuß – Komplexität: II)*
- Wettkampfform: Nach einer bestimmten vorgegebenen Anzahl von Versuchen werden die Torerfolge verglichen *(Fuß – Komplexität: II)*
- Umlaufbetrieb: Wenn A erfolgreich ist, geht er zur nächsten Torstation; wenn nicht, geht B weiter und A muß ins Tor usw. *(Fuß – Komplexität: II)*

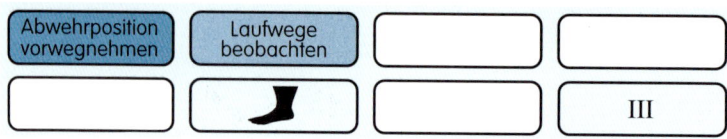

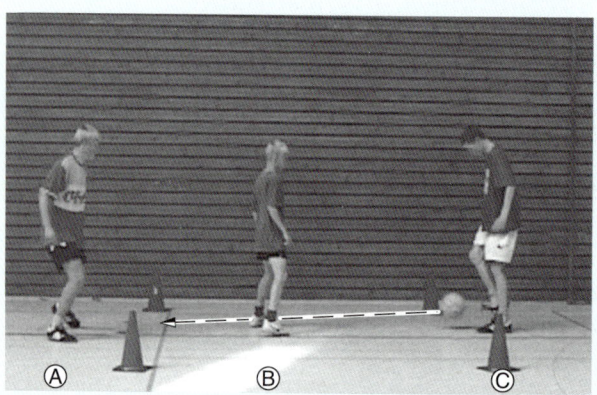

In drei festgelegten Spielzonen befindet sich in der mittleren der Verteidiger B. A und C bemühen sich, den Ball mit dem Fuß zuzuspielen, ohne daß B den Ball berührt.

- Körper- und Schußfinten ansprechen und ausprobieren lassen
- Nicht zu schmale Spielzonen wählen

HINWEISE

- Zonen vergrößern *(Fuß – Komplexität: III)*
- Noch eine weitere Verteidigungszone *(Fuß – Komplexität: III)*
- Zwei und mehr Spieler in den äußeren Zonen *(Fuß – Komplexität: III)*
- Zuspielarten variieren: Innen-, Außenseite, Spann, mit dem Schläger *(Fuß, Schläger – Komplexität: III)*

VARIATIONEN

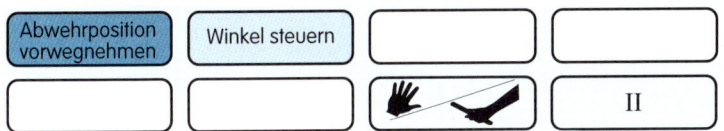

42

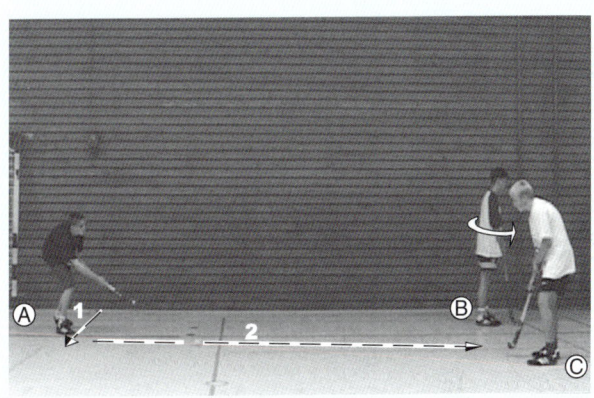

Vor B und C steht A mit einem Ball. B und C befinden sich auf gleicher Höhe und stehen zunächst frontal zu A. Alle drei Spieler haben einen Schläger. A spielt sich den Ball mit dem Schläger von links auf rechts oder umgekehrt zu, währenddessen dreht sich B oder C um. A spielt direkt den Ball auf denjenigen, der ihm nicht den Rücken zukehrt.

HINWEISE

- Das Eigenzuspiel von A kann von der Länge (z.B. Überqueren einer Linie) eingeschränkt werden, damit A nicht zu früh die Entscheidung von B und C wahrnehmen kann

VARIATIONEN

- Zuspiel variieren: Vorhand-, Rückhandschiebepaß, links-rechts *(Schläger – Komplexität: II)*
- Abstand im Dreieck untereinander verändern *(Schläger – Komplexität: III)*
- A, B und C stehen auf einer Linie; A soll immer den Spieler auf „Linienhöhe" anspielen, wobei B und C untereinander verabreden, wer die Linie verläßt *(Schläger – Komplexität: III)*

Laufwege beobachten	Laufwege, -tempo zum Ball festlegen	Sich verfügbar machen	
✋			II

43

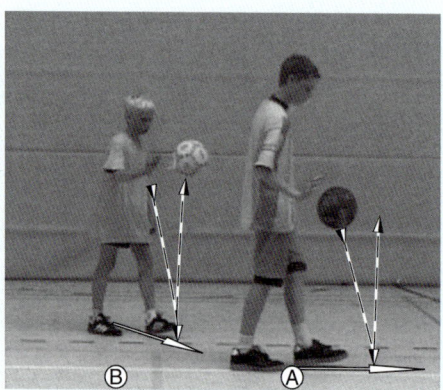

A prellt einen Ball beliebig und fortwährend in der Bewegung. B versucht die Bewegungsfolge von A so schnell wie möglich zu imitieren. Nach einer bestimmten Zeit erfolgt der Wechsel und A bemüht sich nun um das „Schattenprellen".

HINWEISE

- Eine Tempoerhöhung der Fortbewegung nur dann wählen, wenn beide Partner die Kontrolle über den Ball noch behalten

VARIATIONEN

- Gegenstände in der Halle plazieren: Turnbänke, Gymnastikreifen, Fahnenstangen, Korbwurfständer usw. *(Hand – Komplexität: II)*
- B prellt zwei Bälle; A bewegt sich ohne Ball in der Halle und macht verschiedene Bewegungen vor *(Hand – Komplexität: III)*
- Spiegelprellen: A und B stehen sich gegenüber. Jeder hat einen Ball. A gibt Bewegungen vor (z. B. vor-, rück- und seitwärts, hüpfen, Kopf kratzen, Wade streicheln, Buchstaben oder Zahlen prellen, mit der freien Hand auf dem Boden malen usw.) *(Hand – Komplexität: III)*

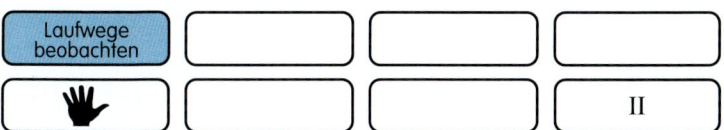

44

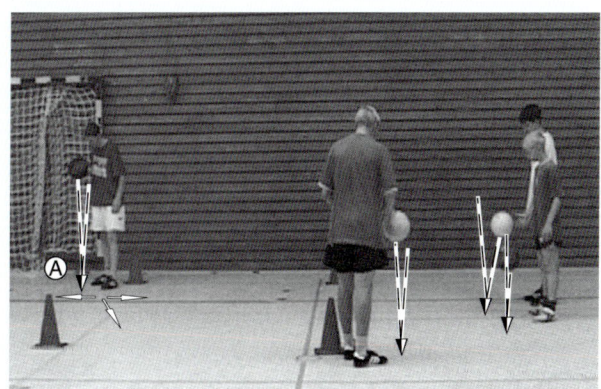

„Schutzmann-Prellen": A steht mit Blick zur Gruppe und ändert ständig die Richtung und Höhe des Prellens. Alle Spieler versuchen, dies schnell zu imitieren.

HINWEISE

- Die Spieler in der Gruppe formieren sich am besten in der Gitteraufstellung, um Behinderungen untereinander zu vermeiden

VARIATIONEN

- Gitteraufstellung verkleinern oder vergrößern *(Hand – Komplexität: II)*
- Abstand von A zur Gruppe verändern *(Hand – Komplexität: II)*
- A ruft verschiedene Signalwörter, die jeweils eine andere Bewegungsform bezeichnen *(Hand – Komplexität: II)*

Laufwege beobachten			
✋			III

45

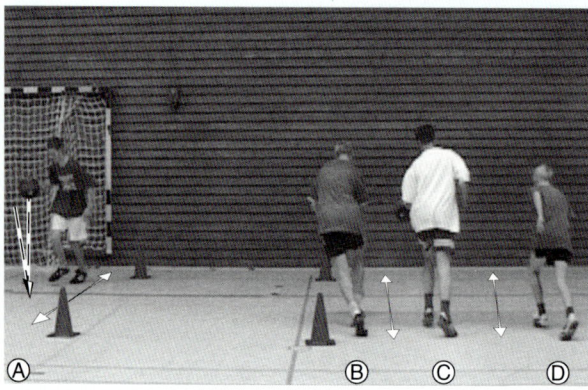

A und B haben jeweils einen Ball und zwei Wendepunkte, zwischen denen sie kontinuierlich prellend hin und her pendeln. C und D stehen mit einem Ball außerhalb der Pendelwege, prellen ständig den Ball am Ort, beobachten die Laufwege und schlagen nach einem Zuruf (A oder B) die Richtung des betreffenden Spielers ein. C und D bemühen sich, immer auf gleicher Höhe wie der zu beobachtende Spieler zu bleiben.

- A und B laufen kontinuierlich in entgegengesetzter Richtung

HINWEISE

- Mehrere Spieler geben Laufwege vor *(Hand – Komplexität: III)*
- Laufwege variieren: diagonal, Achterlaufen usw. *(Hand – Komplexität: III)*
- Fortbewegungsart variieren: Hüpfen, beidhändiges Prellen, zwei Bälle prellen usw. *(Hand – Komplexität: III)*
- Laufgeschwindigkeit wechseln *(Hand – Komplexität: III)*

VARIATIONEN

46

A und B dribbeln jeweils einen Ball mit den Füßen. B folgt A in einem Abstand von etwa zwei Metern. A schlägt ständig neue Richtungen ein, B versucht zu folgen. Auf ein Signal tauschen A und B die Rollen.

HINWEISE

- Es bietet sich an, unterschiedliche Bälle einzusetzen

VARIATIONEN

- Abstand verkleinern oder vergrößern *(Fuß – Komplexität: II)*
- A und B bewegen sich nur auf Hallenlinien *(Fuß – Komplexität: II)*
- Laufgeschwindigkeit erhöhen *(Fuß – Komplexität: III)*
- B setzt eine Kappe auf, die nur den Blick auf die Beine des vorderen Spielers zuläßt *(Fuß – Komplexität: III)*
- A und B laufen nebeneinander und spielen sich in einem Rhythmus die Bälle untereinander zu *(Fuß – Komplexität: III)*

Laufwege beobachten	Laufwege, -tempo zum Ball festlegen		
	🦶		II

47

„Schutzmann-Dribbling": A steht mit dem Rücken zur Gruppe und ändert kontinuierlich seine Position mit eingeschobenen Stoppvarianten. Alle Spieler der Gruppe versuchen, den Bewegungsabläufen von A zu folgen.

HINWEISE

- Am Anfang den Wechsel vom rechten auf den linken Fuß verbal unterstützen
- Laufwege und -geschwindigkeit dem Gruppenniveau anpassen

VARIATIONEN

- A steuert die Bewegungsfolge mit einem langen ausgestreckten Arm, der in allen Bewegungsrichtungen geschwenkt wird *(Fuß – Komplexität: II)*
- A schaut zur Gruppe und die Spieler imitieren die Bewegung als „Spiegel" *(Fuß – Komplexität: III)*
- Ball mit dem Schläger führen *(Schläger – Komplexität: II)*

48

A und B führen mit einem Schläger den Ball zwischen zwei Wende-punkten. C treibt außerhalb der Pendelwege von A und B auch einen Ball mit dem Schläger. Auf ein Kommando (A oder B) versucht C schnellstmöglich die Richtung des betreffenden Spielers einzuschlagen. Nach zehn Schritten bleibt C stehen und beobachtet erneut die Lauf-wege von A und B.

HINWEISE

- Rollentausch nach Zeit oder Anzahl von Durchgängen

VARIATIONEN

- Verbale Kommandos werden durch optische Zeichen ersetzt *(Schlä-ger – Komplexität: III)*
- Blickposition von C wird verändert *(Schläger – Komplexität: III)*
- Fortbewegungsart variieren: Dribbling mit dem Fuß, Laufge-schwindigkeit *(Fuß, Schläger – Komplexität: III)*
- Ausscheidungswettkampf bei mehreren beobachtenden Spielern *(Fuß, Schläger – Komplexität: III)*

Vielseitige
Talentförderung:
Das ABC
des Spielens

FT Kirchheim   Uni Heidelberg

Modellprojekt

Ballmerkmale

Abbildungs-/Tabellenverzeichnis

Literaturverzeichnis

Anhang

Modellprojekt

Das Gesamtkonzept der Ballschule – mit ihrem ABC des Spielenlernens – wird in einem gemeinsamen Projekt des Instituts für Sport und
Sportwissenschaft der Universität Heidelberg und der FT Kirchheim in
die Praxis umgesetzt. Die Organisation kann stichpunktartig – wie folgt
– beschrieben werden:

Aufgenommen werden Kinder im Alter von sechs und sieben Jahren *Organisation*
(Mädchen und Jungen), die Talent, Motivation und Lust zum Spielen
haben. Nach Rücksprache dürfen auch ältere Kinder an der Ballschule
teilnehmen.

Die Spiel- und Übungsgruppen bestehen aus 14 bis 16 Kindern.

Das Ballschulteam umfaßt ausgebildete Sportpädagogen und interna-
tionale Ballkünstler. Ihm gehören u. a. ein ägyptischer und ein brasilia-
nischer Nationalspieler an.

Zu Beginn jedes Schuljahres werden achtwöchige Schnupperkurse angeboten. Sie finden in Kooperation mit Grundschulen statt. Danach können die Kinder bei Interesse in die Ballschule eintreten.

Gespielt und geübt wird zweimal in der Woche nachmittags – jeweils
mindestens 60 Minuten. Für besonders begabte Kinder gibt es die Möglichkeit, dreimal wöchentlich an einer Talentgruppe teilzunehmen.

Die Ballschule sollte in der Regel ein Jahr besucht werden. Dann wird
von den Lehrkräften eine Empfehlung für die Ausübung einer speziel-
len Sportart gegeben. Auch diese weiterführende Ausbildung leistet das
qualifizierte Ballschulteam.

Der Schnupperkurs ist kostenlos. Beim Übertritt in die Ballschule wird
ein monatlicher Beitrag von 19,50 DM (10,00 Euro) erhoben. Er enthält
den „normalen" Mitgliedsbeitrag der FT Kirchheim. Alle Gebühren flie-
ßen direkt in die Ballschule zurück. Darüber hinaus wird die Einrich-
tung durch (kostenloses) personelles Engagement des ISSW und der FT
Kirchheim sowie durch Sponsoren unterstützt.

Die ersten Erfahrungen sind positiv, die Resonanz ist groß. Eine Nachahmung wird empfohlen. Genauere Informationen und Auskünfte erteilen:

Prof. Dr. Klaus Roth
Daniel Memmert
Institut für Sport und Sportwissenschaft
Universität Heidelberg
Im Neuenheimer Feld 700
69120 Heidelberg
Fon: (06221) 54-4642

Karl-Heinz Becker
Richard Kommert
FT Kirchheim
Pleikartsförster Straße 95
69124 Heidelberg
Fon: (06227) 33223

Homepage der Ballschule:
http://www.rzuser.uni-heidelberg.de/~dmemmert/ballschule

Ballmerkmale

Das Prinzip der Vielseitigkeit ist auch – so weit wie möglich – auf das Ballmaterial zu beziehen. Alle Spielformen und Übungen der Bereiche A bis C lassen sich mit unterschiedlichen Bällen durchführen. Das nachstehende Schema vermittelt einen Überblick über die Merkmale der gebräuchlichsten Sportspielgeräte.

Tab. 3: Ballmerkmale

Ballbezeichnung	Umfang (cm)	Gewicht (g)
Weichschaumbälle (Softbälle)	56 - 65	180 - 280
Schaumstoffbälle mit Elefantenhaut	50 - 65	130 - 200
Weichschaum - Medizinball	94 - 125	300 - 1000
Tischtennisball	12	3
Tennisball	22	60
Hockeyball	20	230
Schlagball	19 - 21	70 - 85
Wasserball	68 - 71	400 - 450
Rugbyball	56	400 - 440
Gymnastikball	50 - 59,5	320 - 420
Handball	46 - 60	200 - 475
Volleyball	61 - 67	240 - 280
Basketball	56 - 78	300 - 650
Fußball	62 - 71	320 - 453
Medizinball	66 - 86	800 - 3000
großer Gymnastikball	141 - 204	900 - 1400

Abbildungs-/Tabellenverzeichnis

Kapitel 1:

Abb. 1: Spielen und Üben in der Ballschule (S. 11)

Tab. 1: Zugang, Ziele, Inhalte und Methoden der allgemeinen Ballschule (S. 13)

Abb. 2: Aufbau verhaltenssteuernder Antizipationen (S. 17)

Abb. 3: Der prozentuale Zuwachs der koordinativen Leistungsfähigkeit im Alter von 5 bis 17 Jahren (S. 19)

Abb. 4: Anforderungsbausteine der Ballkoordination (S. 21)

Abb. 5: Grundformel der Ballkoordinationsschulung (S. 22)

Abb. 6: Sportspielfertigkeiten in modellhafter Darstellung (S. 26)

Tab. 2: Technikbausteine und ihr Bezug zu den Taktikbausteinen (S. 28)

Kapitel 2:

Abb. 7: Zeichenlegende (S. 35)

Abb. 8: Darstellung der Einzelspiele (S. 36)

Kapitel 3:

Abb. 9: Elementare Ballfertigkeiten (S. 85)

Abb. 10: Beispiele für die Erweiterung von Einzel- zu Gruppenaufgaben (S. 88)

Abb. 11: Beispiel einer „Ball-Koordinations-Bahn" (S. 89)

Abb. 12a, b: Beispiele für die Umwandlung von Einzelaufgaben zu Staffeln (S. 142-143)

Abb. 13a, b: Beispiel eines Ball-Parcours (S. 144-145)

Abb. 14: Beispiel einer Ballartisten-Probe (S. 146)

Literaturverzeichnis

Kapitel 1

Digel, H. (1993). Handball im Wandel – Perspektiven zukünftiger Entwicklungen. In H. Digel (Hrsg.), *Talente im Handball* (S. 7-33). Aachen: Meyer & Meyer.

Fodor, J. A. (1983). *The Modularity of Mind.* Cambridge: MIT.

Göhner, U. (1992). *Einführung in die Bewegungslehre des Sports.* Teil 1: Die sportlichen Bewegungen. Schorndorf: Hofmann.

Hoffmann, J. (1993). *Vorhersage und Erkenntnis.* Göttingen: Hogrefe.

Hossner, E. J. (1995). *Module der Motorik.* Schorndorf: Hofmann.

Hossner, E. J. (1997). Der Rückschlagbaukasten: ein integratives Konzept für das Techniktraining. In B. Hoffmann & P. Koch (Hrsg.), *Integrative Aspekte in Theorie und Praxis der Rückschlagspiele* (S. 25-39). Hamburg: Czwalina.

Hossner, E. J. & Kortmann, O. (1995). „Stein auf Stein ...“ – Techniktraining nach dem Baukastenprinzip. In F. Dannenmann (Red.), *Neue Aspekte des Volleyballspiels* (S. 40-57). Hamburg: Czwalina.

Hossner, E. J. & Kortmann, O. (1996). Techniktraining im Spitzenbereich: Ein Baukasten wird gefüllt. In F. Dannenmann (Red.), *Volleyball '95 – Das Spiel im Jubiläumsjahr* (S. 9-18). Hamburg: Czwalina.

Hossner, E. J. & Kortmann, O. (1997). Der „Tebaute-Volleyball“: Zur Validierung eines modularen Trainingskonzepts. In F. Dannenmann (Red.), *Volleyball '96 – Facetten des Spiels* (S. 119-139). Hamburg: Czwalina.

Kortmann, O. & Hossner, E. J. (1995). Ein Baukasten mit Volleyball-Steinen – Belastung im Volleyball und ein modulares Konzept des Techniktrainings. In F. Dannenmann (Red.), *Belastung im Volleyball* (S. 53-72). Bremen: DVV.

Kröger, C. (1987). *Zur Drop-out-Problematik im Jugendleistungssport.* Frankfurt: Deutsch.

Kuhlmann, D. (1998). Wie führt man Spiele ein? In Bielefelder Sportpädagogen (Hrsg.), *Methoden im Sportunterricht* (S. 135-148). Schorndorf: Hofmann.

Kultusministerium des Landes NRW (Hrsg.) (1991). *Entwicklung neuer Rahmenkonzeptionen für Training und Wettkampf der Kinder und Jugendlichen: Sportartübergreifender Teil neuer Handreichungen zum Kinder- und Jugendtraining in den verschiedenen Sportarten.* Frechen: Ritterbach.

Neumaier, A. & Mechling, H. (1995). Taugt das Konzept koordinativer Fähigkeiten als Grundlage für sportartspezifisches Koordinationstraining? In P. Blaser, K. Witte & Ch. Stucke (Hrsg.), *Steuer- und Regelvorgänge der menschlichen Motorik* (S. 207-212). St. Augustin: Academia.

Roth, K. (1998). Wie verbessert man die koordinativen Fähigkeiten? In Bielefelder Sportpädagogen (Hrsg.), *Methoden im Sportunterricht* (S. 84-101). Schorndorf: Hofmann.

Roth, K. & Raab, M. (1998). *Intentionale und inzidentelle Regelbildungsprozesse im Sportspiel.* Köln: BISp.

Schmidt, W. (1994). Kinder werden trainiert, bevor sie selbst spielen können. *Fußballtraining*, 13, 3-14.

Weineck, J. (1994). *Optimales Training.* Erlangen: perimed.

Kapitel 2

Adolph, H. & Hönl, M. (1993). *Integrative Sportspielvermittlung.* Kassel: Gesamthochschul-Bibliothek.

Adolph, H. & Steinbrecher-Damm, A. (1995). *Themenorientierte Kleine Spiele.* Kassel: Gesamthochschul-Bibliothek.

Bremer, D., Pfister, J. & Weinberg, P. (1981). *Gemeinsame Strukturen großer Sportspiele.* Wuppertal: Putty.

Dietrich, K. (Hrsg.) (1985). *Sportspiele.* Reinbek: Rowohlt.

Dietrich, K., Dürrwächter, G. & Schaller, H.-J. (1976). *Die großen Spiele.* Wuppertal: Putty.

Döbler, E. & H. (1996[20]). *Kleine Spiele.* Berlin: Sportverlag.

Glorius, S. & Leue, W. (1996). *Ballspiele. Praxiserprobte Spielideen für Freizeit, Schule und Verein.* Aachen: Meyer & Meyer.

Groth, K. & Kuhlmann, D. (1989). Integrative Sportspielvermittlung in Theorie und Praxis. *Sportunterricht*, 38, 386-393.

Günzel, W. (Hrsg.) (1990). *Spiele vermitteln und erleben – verändern und erfinden*. Baltmannsweiler: Schneider.

Hahmann, H., Steiner, H. & Steiner, I. (1979). *Sportspiele spielen lernen*. Schorndorf: Hofmann.

Kerkmann, K. (1979[2]). *Kleine Parteispiele*. Schorndorf: Hofmann.

Klupsch-Sahlmann, R. (1991). Bewegungsleben und Sportunterricht – Chance für sportartübergreifende Angebote in der Grundschule. *Sportunterricht*, 40, 425-432.

Koch, K. (1991[7]). *Kleine Sportspiele*. Schorndorf: Hofmann.

Lang, H. (1992). *Spielen, Spiele, Spiel: Handreichungen für den Spielunterricht in der Grundschule*. Schorndorf: Hofmann.

Medler, M. & Schuster, A. (1996). *Ballspielen. Ein integrativer Ansatz für Grundschule, Orientierungsstufe, Sportverein*. Neumünster: Medler.

Rammler, H. & Zöller, H. (1986[3]). *Kleine Spiele – wozu?*. Wiesbaden: Limpert.

Schneider, H. (1991). *Lehren und Lernen im Tennis*. Erlangen: Schneider.

Stemper, T. (1983). *Fit durch Bewegungsspiele*. Erlangen: perimed.

Vary, P. (Red.) (1996). *137 Basisspiel- und Basisübungsformen*. Schorndorf: Hofmann.

Walter, M. (1991). *Spiel und Sport an jedem Ort*. Schorndorf: Hofmann.

Wetton, P. (1992). *Tolle Ideen. Sportspiele*. Mülheim: Verlag an der Ruhr.

Kapitel 3

Asmus, S. (1997). Koordinative Fähigkeiten – die Basis für den Fußball, Teil II. *Fußballtraining*, 15, 38-45.

Brodtmann, L. (1994). Ein Ball lernt Kunststücke. *Sportpädagogik*, 18, 33-34.

Brugmann, B. (Red.) (1984). *1009 Spiel- und Übungsformen im Fußball.* Schorndorf: Hofmann.

Frey, J. (1991). „Handball"-Kunststücke. *Sportpädagogik,* 15, 28-34.

Hirtz, P. (1985). *Koordinative Fähigkeiten im Schulsport.* Berlin: Volk und Wissen.

Kosel, A. (1993²). *Schulung der Bewegungskoordination.* Schorndorf: Hofmann.

Medler, M. & Schuster, A. (1996). *Ballspielen. Ein integrativer Ansatz für Grundschule, Orientierungsstufe, Sportverein.* Neumünster: Medler.

Müller, B. (1995). *Ball-Grundschule.* Dortmund: Borgmann.

Petermann, K.-H. & Löber, G. (1995). Kleine Meister am Ball, Teil 1. *Volleyballtraining,* 19, 54-57.

Petermann, K.-H. & Löber, G. (1995). Kleine Meister am Ball, Teil 2. *Volleyballtraining,* 19, 72-75.

Petermann, K.-H. & Löber, G. (1995). Kleine Meister am Ball, Teil 3. *Volleyballtraining,* 19, 86-89.

Petermann, K.-H. & Löber, G. (1996). Kleine Meister am Ball, Teil 4. *Volleyballtraining,* 20, 54-57.

Sonnenbichler, R. (1990). Koordinative Fähigkeiten. *Volleyballtraining,* 14, 72-77.

Theune-Meyer, T. (1997). Mädchen spielen Fußball. *Fußballtraining,* 15, 30-32.

Vary, P. (Red.) (1996). *137 Basisspiel- und Basisübungsformen.* Schorndorf: Hofmann.

Voigt, H. & Richter, E. (1991). *Betreuen, fördern, fordern.* Münster: Philippka.

Ziegenhagen, U. (1992). Koordinationsprogramme, Teil I. *Handballtraining,* 14, 59-63.

Kapitel 4

Bartenbach, K. & Schmidt, G. (1987²). *Hockey: Grund- und Aufbaukurs.* Schorndorf: Hofmann.

Bassemir, U. (1997). Die F- und E-Junioren: Die Halle bietet viele Möglichkeiten, Teil II. *Fußballtraining*, 15, 25-31.

Bauer, G. (1974). *Fußball perfekt: Vom Anfänger zum Profi.* München: BLV.

Bisanz, G. & Vieth, N. (1995). *Fußball von morgen.* Band 1: Grundlagen- und Aufbautraining. Münster: Philippka.

Brill, D. & Prinz, F. (1991). *Basketball-Trainingspraxis. „Die ersten Schritte...".* Langen: Kühne.

Brüggemann, A. & Albrecht, D. (1986). *Schulfußball – spielen, lernen, mitgestalten.* Schorndorf: Hofmann.

Drauschke, K., Kröger, C., Schulz, A. & Utz, M. (1987). *Der Volleyballtrainer.* München: BLV.

Fischer, U. & Zoglowek, H. (1991). Hand-Ball-Grundschulung. *Sportpädagogik*, 15, 50-55.

Loibl, J. (1992). Im Lehren und Lernen – Räume erschließen. *Sportpädagogik*, 16, 28-31.

Nicklaus, H. (1991). *Minis lernen spielend Basketball.* Bochum: Nicklaus.

Peter, R. & Vieth, N. (1997). Techniken attraktiv schulen – Die Serie zum Video, Teil I. *Fußballtraining*, 15, 57-66.

Schubert, R., Oppermann, H.-P. & Späte, D. (1990²). *Spielen und Üben mit Kindern.* Handball Handbuch, Band 1. Münster: Philippka.

Zgoll, B. (1989). *Jugendtraining im Fußball.* Ahrensburg: Czwalina.

In den Jahren 1996 bis 1998 hat uns die Grund- und Hauptschule Flintbek dankenswerterweise bei der Produktion der Fotos sehr hilfreich unterstützt. Auf dem Foto ist die Klasse 8a mit ihrem Klassenlehrer – Herrn Ronald Jacobsen – zu sehen.

**Schriftenreihe für
Bewegung, Spiel und Sport**

In der nahen Zukunft sollen folgende Bände erscheinen:

Sinnorientierungen für Sport

Abenteuer und Erlebnis
(Amesberger)

Sportspiele

Genetisches Vermittlungsmodell
(Loibl /Schmidt)

Bewegungserfahrungen

Die Bewegungsbaustelle
(Miedzinski / Fischer)

Koordinativ-orientierte Sportarten

Gerätturnen
(Leirich)

Bewegungskompetenzen

Gleichgewicht
(Hirtz / Hotz / Ludwig)

Konditionell-orientierte Sportarten

Leichtathletik
(Simon / Mendoza)

Bewegungskonzepte

Gesund und Fit
(Brehm / Pahmeier / Tiemann)

Kampfsportarten

Taekwondo
(Dauner)

Praxisideen

Mit dieser Ankündigung wird der sportinteressierten Öffentlichkeit eine innovative Schriftenreihe präsentiert, die sich dem Motto verpflichtet fühlt:

Sport ist mehr als die Summe der Sportarten.

Die „kunterbunten" Ausprägungen des Sich-Bewegens, Spielens und Sporttreibens werden in dieser Schriftenreihe in sportwissenschaftlich begründeter und integrierter Form unter dem Aspekt des Lehrens und Lernens als Praxisratgeber aufbereitet. Es werden die elementaren Praxisbezüge von Bewegung, Spiel und Sport unter den folgenden acht Aspekten vorgestellt:

Sinnorientierungen für Sport, Bewegungserfahrungen, Bewegungskompetenzen, Bewegungskonzepte sowie als Sportarten in den vier Bereichen Sportspiele, koordinativ-orientierte Sportarten, konditionell-orientierte Sportarten, Kampfsportarten.

Die einzelnen Bände setzen sich zum Ziel, eine benutzerfreundliche Arbeitshilfe zu sein. Die Bände tragen überwiegend den Charakter einer praktischen Handreichung zur Unterrichtung von „Einsteigern"; sie können aber auch als Ideengeber für Unterricht und Training im fortgeschrittenen Leistungsniveau angesehen werden.

Es werden Spiel- und Übungsformen, methodische Hinweise und Anregungen für Sporttreibende, Sportlehrer/innen, Trainer/innen, Übungsleiter/innen und am Sport generell interessierte Personen mit einer praxisintegrierten theoretischen Begründung präsentiert.

„Praxisideen" wendet sich daher als Schriftenreihe an alle, die spezielle Formen aus der Vielfalt von Bewegung, Spiel und Sport kennenlernen, praktisch erproben und vermitteln wollen.

Die Veröffentlichungen in dieser Schriftenreihe sind Auftragsarbeiten, die von entsprechenden Experten/innen im Rahmen des der Schriftenreihe zugrundegelegten Konzepts ausgeführt werden.

Sportspiele

Im Themenblock Sportspiele erscheinen Bände zu traditionellen Mannschafts-sportarten (z. B. Basketball, Fußball, Handball, Hockey, Volleyball), zu Rück-schlagspielen (z. B. Badminton, Tennis, Squash) und zu einer Reihe von aktuellen Trendsportarten (z. B. American Football, Beach-Volleyball, Streetball). Namhafte Autoren dokumentieren den neuesten Stand der Methodik der Sportspiele und geben vielfältige, benutzerfreundliche Tips und Arbeitshilfen. Die grundlegenden methodischen Aussagen und praktischen Hinweise werden dabei stets auch in verständlicher Form mit (sport-) wissenschaftlichen Argumentationen und Überle-gungen verknüpft. In diesem Sinne wenden sich die Bände an alle Sportlehrer/innen, Übungsleiter/innen und Trainer/innen, die Sportspiele auf verschiedenen Stufen von Können und Niveau vermitteln.

Die Bände des Themenblocks Sportspiele folgen einer einheitlichen Konzeption. Sie beginnen in einem ersten Kapitelbaustein mit der Herausarbeitung der jeweili-gen „Spielidee" und der „Anforderungsstruktur des Spiels". Das „Herzstück" bilden dann die Bausteine zur sportartspezifischen Anfängermethodik (das Erler-nen technisch-taktischer Grundlagen, die Schulung allgemeiner und spielbezo-gener Fähigkeiten, der ganzheitliche „spielerische" Weg). Es folgen Hinweise zum Nachwuchs- und Leistungstraining (Technik-, Taktik- und Fähigkeitstraining, wettkampforientiertes Komplextraining). Am Ende steht eine „kleine Wettkampf-lehre" des Spiels. Thematisiert werden u. a. Aspekte der Spielvor- und Spielnach-bereitung sowie des Coachings.

Folgende Bände sind u. a. geplant

American Football, Badminton, Ballschule, Baseball, Basketball, Beach-Volley-ball, Fußball, Handball, Hockey, Rugby, Streetball, Squash, Tennis, Tischtennis, Unihoc, Vermittlungsmodelle, Volleyball.